湛庐 CHEERS

与最聪明的人共同进化

HERE COMES EVERYBODY

笑傲股市

之股票买卖原则

The Successful Investor

[美] 威廉·欧奈尔
William J. O' Neil 著
邹唯 译

四川人民出版社

- 他年仅 30 岁，就开创了自己的事业，并成为纽约证券交易所最年轻的席位持有人。
- 他提出了 CAN SLIM 股票交易法则，并借助这一方法创下 26 个月内大赚 20 倍的纪录。
- 他创办的《投资者商业日报》提供了投资所需的一切数据，被中小投资者视为指路明灯。

威廉·欧奈尔

最年轻的纽约证券交易所席位持有人

1933年，威廉·欧奈尔出生于美国俄克拉何马州的首府俄克拉何马城。读完中学后，他在美国一流学府南卫理公会大学主修商科，于1955年获得学士学位，并参加了空军。1958年，他服完兵役后，进入海登·斯通证券公司工作，成为一名股票经纪人。1960年，威廉·欧奈尔参加了哈佛商学院的管理发展课程。在这里，他开始了自己的金融研究生涯，为最终提出CAN SLIM股票交易法则奠定了基础。

1962年是欧奈尔取得辉煌业绩的一年，借助克莱斯勒、Syntex等几只股票的交易，他将资产值从5000美元增至20万美元，达到了原来的40倍。他也因此成为公司业绩最好的经纪人。

这个时候的欧奈尔不再满足于替他人打工，他想要开创属于自己的事业。1963年，年仅30岁的欧奈尔组建了自己的经纪公司——威廉·欧奈尔公司，同时，他还用自己赚到的钱买下了纽约证券交易所的交易席位，成为最年轻的席位持有人。

备受全球 600 位基金经理推崇的投资顾问

威廉·欧奈尔是美国知名的成长型投资大师，拥有超过 50 年的投资经历，在进入股票行业之初，欧奈尔就意识到，美国股票史上涨幅最大的股票一定具有某些共同的特点。所以，他研究了 1953—1990 年，美国表现最好的 500 家上市公司，并整理出这些股票的共同特性，之后便提出了 CAN SLIM 股票交易法则。借助 CAN SLIM 法则，他创下了在 26 个月内大赚 20 倍的纪录。

1998—2002 年，美国个人投资者协会对 CAN SLIM 投资研究工具进行了每月实时行情的研究，并将这个系统的表现与另外 52 个广为人知的投资系统进行了比较和分析，最后得出结论：CAN SLIM 是最稳定、表现最好的选股系统之一，足以媲美沃伦·巴菲特、彼得·林奇的选股系统。CAN SLIM 在这 5 年中的总体复合回报率达到了 350.3%，同一时期，标准普尔 500 指数下跌了 8.3%。

今年，成立于 1963 年的威廉·欧奈尔公司迎来了 59 周岁生日。目前，该公司是全球主要基金经理人最喜爱的投资顾问公司之一，每年有超过 600 位基金经理人听取威廉·欧奈尔的投资建议，追随他的投资者年平均收益率均超过 40%。

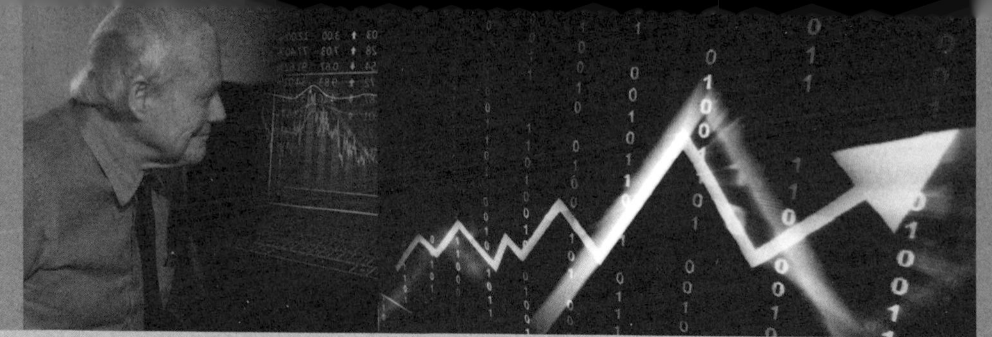

中小投资者眼中的“散户灯塔”

1984 年，威廉·欧奈尔不再满足于只为机构投资者或基金经理人服务，他希望能有更多的普通投资者从他独创的 CAN SLIM 股票交易法则中获益，希望能够帮助更多的中小投资者获得丰厚回报，于是，他创办了《投资者商业日报》。这份报纸开创了美国报业的全新模式，它是每日刊，旨在比当时已有的财经报纸提供更多的投资信息，为投资者提供最可靠也最急需的信息。

到了 1988 年中期，成立仅 4 年的《投资者商业日报》订户就已经超过了 11 万，而且发行量还在不断增加。但这一成绩并不能让欧奈尔感到满足，他始终认为，《投资者商业日报》的发行量最终能够达到 80 万份。之所以有如此强大的信心，是因为《投资者商业日报》拥有一个“拳头产品”——它提供的金融统计数据是独一无二的，如每种股票的市盈率、相对强度指标、成交量变化百分比等。到目前为止，《投资者商业日报》提供的数据已经涵盖了威廉·欧奈尔的投资方法需要用到的每日股价表上的所有信息。1994 年，《投资者商业日报》的读者终于超过 85 万，成为唯一可以与《华尔街日报》媲美的投资日报。

1988 年，欧奈尔将自己的全部投资心得全盘奉献，推出了《笑傲股市》一书。该书一经面世，即成为当年全美最畅销的投资类书籍，并多次再版，成为经久不衰的经典之作，至今已销售达 100 万册以上，而且仍然继续发行。鉴于他在为中小投资者服务方面做出的卓越贡献，他被人们誉为“散户灯塔”。

前言

让你在未来获得理想的回报

2000 年 3 月股市受到重挫，大多数投资者损失惨重。在这之后的 3 年里，我深刻地意识到，无论是刚刚进入股市的新手，还是自认为经验丰富的老手，每个投资者都需要更多关于投资的知识和更多有效的帮助。

股市必将迎来复苏，因此，我决定让本书尽快面市，以帮助数百万投资者在未来获得理想的回报。虽然人们对股市的复苏还心存疑虑，但我们应该相信股市势必会从低迷中再度崛起。在本书中，我总结了几个重要的主题，归纳出若干关键的投资方法、技巧及要点，如果投资者想要笑傲股市，就必须掌握这些知识。

本书的前期整理工作完成之后，我邀请韦斯·曼（Wes Mann）来助我一臂之力。他是《投资者商业日报》（*Investor's Business Daily*，*IBD*）的一位优秀编辑，有一套自己的投资方法，也是一位身体力行的成功投资者。编辑工作开始时，我们首先打开他的录音机，我一个要点接一个要点讲述全书的思路，遇到可能不易被读者理解的地方，韦斯会要求我做详细的阐释。然后，我逐字逐句地将录音听写出来，再将它们编辑成文。最后，韦斯对书稿做了进一步的修订，他对所有艰涩难懂的句子进行了润色，力求让原意准确清晰地传达给读者。接下来，我挑选出用来作为示例的图表，并在图表中标出投资者必须理解的每一个要点。这些图表能够帮助投资者在股市中挑选出最好的股票，并把握买进和卖出股票的时机。同样，这些方法也可以应用于其他市场。（如此多的投资者损失了太多唾手可得的宝贵财富，究其原因，关键在于他们缺乏一套行之有效的卖出原则，也不具备洞察主要卖出指示信息的能力——这些信息实际上可以从股票成交量价行为及大盘指数中窥得）

你能笑傲股市吗?

扫码鉴别正版图书
获取您的专属福利

- 当价格低的垃圾股每天都出现在成交活跃的股票之列时,代表牛市来了,这是对的吗?(　)

  A.对

  B.错

扫码获取全部测试题及答案,看一看你是否能笑傲股市

- 分散投资一定可以完全规避风险吗?(　)

  A.一定

  B.不一定

- 要想尽可能多地锁定你已获得的收益,你应该(　)

  A.上涨时及时抛出

  B.下降时及时抛出

目录

引 言

你也可以笑傲股市

我为何要现在写这本书？如果你是一个股票或者共同基金的投资者，答案就不言而喻了。

历史回顾

在 2000 年春季开始的大熊市中，约 8 000 万美国人损失了其毕生积蓄的 50%~80%，而你很可能也是身陷这场滔天悲剧中的一员。你一定永远不希望这一幕再次发生，但是，除非你知道自己遭遇的是怎样的灾难，清楚自己错在何处以及为何犯错，否则没有人能保证历史不会重演。

我写作本书的目的，就在于帮助你看清自己曾经犯过并可能再犯的错误。只有用合理有效的投资方法和原则引导自己的投资决策，才能避免悲剧重演，获得良好的投资回报，并从物质上切实地改善自己的生活。如果你是一只菜鸟，想要成为成功投资者，就一定要知道什么事情不能做，而什么事情是必须去做的。

但是，你可能会说，难道股市大崩盘不是百年一遇的事件吗？你是在认为自己遭受的损失是因这一偶发事件而起，而并非自己的错误所致吗？对于这个问题，我们不如从宏观到微观逐一加以分析。

股市泡沫形成于顺风顺水的20世纪90年代，破灭于21世纪初，这是很不寻常的。在过去的70年内，我们都没有遇到过类似的事件。其不寻常之处在于这一事件的严重程度。如果以部分被过分高估的高科技股的发源地——纳斯达克指数来衡量，20世纪90年代股市上涨的幅度甚至超过了“沸腾的20年代”过热的牛市行情，随之而来的损失又与1929年的股市大崩盘造成的损失不相上下，而后者直接导致了当时的经济大萧条（见图0–1）。

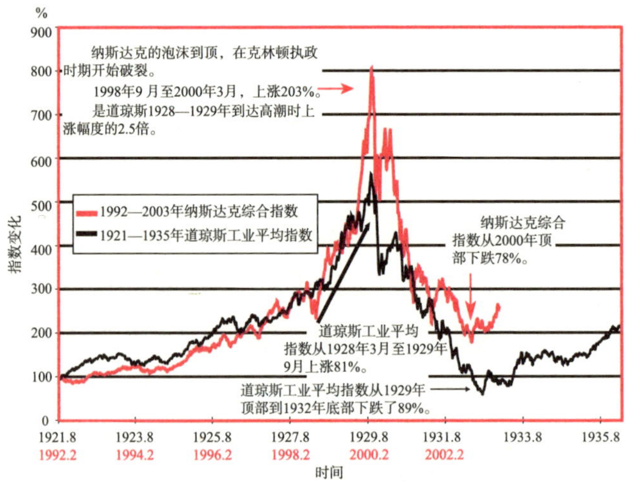

图0–1　1992—2003年纳斯达克综合指数与1921—1935年道琼斯工业平均指数对比

20 世纪 90 年代膨胀失控的股市就好像 1636 年的郁金香热一样，那时每个人都不可思议地迷信全世界都会从荷兰购买郁金香。由于这种一拥而上的追捧，在荷兰股票交易所，郁金香的价格涨到天价，又跌至谷底。20 世纪 90 年代的网络狂热和郁金香热如出一辙，投资者疯狂购买所有名称中含有“.com”的公司的股票，他们似乎相信这样的股票有点石成金的神奇力量。

在其他方面，最近的股市运行周期与之前经历的情形也十分相似。作为一个个人投资者兼美国众多著名投资经理的顾问，我在股市里摸爬滚打了 45 年，经历了这期间每一个牛市和熊市的轮回。此外，作为一个顶尖数据库研究公司的领导，我也曾对一次最具权威性的关于股市及其主导股票的研究进行过指导。

即使投资者经历过像 1998—2002 年这样不同寻常的跌宕时期，实际状况也不会有所改变，这一点让我印象颇深。近期股市下跌造成的损失可谓巨大，但是造成损失的原因却往往是一些细微错误的累积，投资者在每一个股市周期中总是犯下同样的错误。

供求是唯一的法则

如果你仔细想过这个问题，就会发现原因其实很明显。股市是由数以百万计的投资者组成的，而这些投资者大多完全依赖于人类的各种情感和个人观点来做出投资决策，从众心理如同一根无形的指挥棒，每天都在股市中发挥重要影响。尤其是当各种心理因素——希望、恐惧、虚荣、自作聪明等影响人们的投资决策时，现代人类的本性与 1929 年或 1636 年时几乎没有任何区别。

但是，你必须知道，成功的投资与你的情感和个人观点没有任何关系。股市不会关心作为个体的我们是谁、我们在想什么、我们的感觉是怎样的。它就像一只野兽，不在乎人类的欲望，漠视大众的智慧，总是令人恼火地与人们背道而驰，并经常混淆视听、迷惑大众。它唯一遵守的就是供求法则。作为一个投资者，你必须把握这一现实原则，并学会顺应而不是违背股市规律，否则你会为自己即使在股市最景气的时候也只获得了平庸的投资结果而懊恼。

很多美国人为了维持良好的财务状况而负债累累，这真让人感到羞愧。还好，过不了多久，像社会保障这样的体系至少会部分私有化，这样就增加了你的活动资金。到那时，你就能用一部分政府为保障你退休后生活而预留的资金（目前用这部分资金投资,回报率低得可怜）进行投资。

听从股市的主张而不是你个人的看法，但要做到这一点很不容易，而且你越聪明，就越难做到这点。你可能接受过高等教育，取得了很高的学历，并且在工作中游刃有余。因此，在你所熟悉的领域，你就是一个专家，你的观点就是权威意见，不容置疑。但是，正因为相信自己的优秀干练，当投资决策失误的时候，你很难发现并承认自己的错误，因为这个投资决策让你付出了大量的时间、精力和决心。在股市里，你是什么人、你有什么想法都无关紧要。记住，这些都微不足道，**股市只会按照它自己的规则运作，和它较劲只会让你付出不菲的代价。**

在 1998—2002 年的股市里，我看到的一些最严重的错误往往是那些最聪明的人犯下的。曾经有一个拥有博士学位的高级管理人员告诉我，他在思科系统跌到 50 美元 / 股时买入了该公司的股票，因为他认为这是 20 世纪 90 年代表现最好的股票之一，而思科系统又是非常著名的大公司，一定存在反弹的潜力。他对自己的见解充满自信，我只是希望他能放弃这一引以为荣的想法，并在这家著名公司的股票跌至 8 美元 / 股之前及时抛出。

专业的投资者也不可避免地会犯一些业余的低级错误。我认识一个债券基金经理，他在 1.50 美元的价位买入了世通公司（World Com）的股票，因为他认为这只股票从 64 美元一路跌到 1.50 美元，已经不会再跌了，接下来一定会反弹回升。然而事情并不如他所愿，他认为不可能发生的事情最终还是发生了。据我所知，最后他在 17 美分的价位不得不忍痛平仓。

大多数投资者和投资顾问在 2000—2002 年的大熊市中都损失惨重，造成这种后果的原因在于，他们从不花时间学习合理有效的投资方法和原则。在 20 世纪 90 年代，他们自以为找到了投资股票赚钱的捷径，却从不做任何准备工作，仅仅花钱去购买一些情报和内幕消息就指望坐收渔翁之利。

他们没有掌握股市风险的本质，也不知道如何降低重大损失发生的概率，他们也不知道如何判断股市是即将上扬还是会转为下跌，最糟糕的是，他们没有任何卖出原则。

但是这到底是为什么呢？生活是如此美好，一切看上去都一帆风顺。我们开始变得漫不经心，头脑昏聩，甚至一些公司的高管也认为说谎、欺骗、夸夸其谈皆无不可，没什么大不了的。毕竟，国家的那些领导们也是这么做的，好像这种做法并没有给他们带来损失。

“初入股市，当务之急就是在高科技股票下跌时买入，因为它们总是会反弹并且连创新高。”在熙熙攘攘的股市投资热潮中，你会发现，在我们的周围总是充斥着大量上述异想天开的意见，专家们也整天在电视上告诉我们买什么股票会赚钱，我们周围的朋友、邻居、顾问、售货员似乎随时随地准备提供他们的建议，无论你需要与否，无论这些建议显得多么滑稽古怪，他们都是一副理直气壮的语气，好像他们的意见已经得到了实践验证一样。

从很多方面来看，股市就好像几乎所有人都参与的一项体育运动或全民娱乐活动。在我常去的健身馆里，我记得有几个人正在对一个叫雅虎的网络搜索引擎大加讨伐，当时雅虎的市盈率超过 100 倍。几年后，我无意中听到另外两个练习举重的人在议论，如果你想赚到大钱，你需要做的事情就是当雅虎的股票震荡或股价回落时买入它。由此我可以确定，在20世纪90年代末雅虎股票飙升的时候，他们肯定错过了这一盛事，至今还在懊悔不已。现在对健身馆的人们来说，雅虎的行情已经众人皆晓了。这只股票自 2000 年 1 月从 250 美元 / 股一路跳水，2001 年 9 月跌到了 8 美元/股。从那以后，健身馆的那些人再也不对股市谈东论西了。

2000 年 3 月，股市泡沫破灭，当时，除了 1984 年创办的全国性金融报纸《投资者商业日报》，几乎没有人给出始终如一的卖出建议，并不断地提醒人们对股票进行减仓和套现。投资者终于从损失惨重的阵痛中了解到股市的本质：从个人观点、感受、希望和信念出发去理解股市通常是错误的，也是相当冒险的。换个角度来说，**事实和股市很少出错，供求原理比华尔街所有的证券分析师提供的专业见解更具说服力。**

现在，大多数投资者都意识到，在用自己辛苦赚来的钱进行投资之前，他们需要更多地了解要做哪些准备工作。投资者认识到他们需要合理有效的、经得起时间考验的投资方法和步骤，以获得切实的收益，同时又可以及时规避可能出现的严重损失。

交易点拨

投资前的准备

你应该认真对待手中的资金，进行审慎明智的投资。投资前你需要阅读一些投资书籍，学习相关理论，重新评估自己的投资方式并做出重大改进，现在做出这些改变正当其时，下定决心之后就马上去做吧！

当我开始进行股票投资时，也曾犯过很多和你们一样的错误，我知道不良投资习惯是如何形成的，也深知要改掉这些坏习惯不是一件容易的事。但是你必须克服这些坏习惯，才能培养出与股市实际运作同步的新习惯。起初，这些新习惯可能看起来有些奇怪，它们会强迫你做一些你和大多数人都不想去做、不习惯做或认为自己决不会去做的事情。但是，只要按照新习惯实践一段时间，你的投资能力一定会取得突飞猛进的进步。例如：

- 当股票价格上涨而不是下跌时买入。当你打算再买入一些某只股票，选择股票价格高于上次买入的价位时增持，而不是低于上次买入的价位时增持。
- 当股票价格接近一年股价的高位时买入，而不是当它跌了很多而变得相对便宜时买入。你应该买入高价的绩优股，而非廉价的垃圾股。
- 掌握正确的卖出时机很重要。当你有很小的损失时，就应该及时卖出，而不是在原地观望，并期待它很快就会反弹。

- 你不必过于关注公司的账面价值、股息或市盈率，这些对于发现近50年来美国最成功的企业没有任何意义。相反，你要关注那些被事实证明更为重要的因素，如利润增长率、价格和成交量，以及该公司的利润在其行业内是否排行靠前。

- 你不必订阅一些关于股市的简报或购买咨询服务，不要让自己受到所谓专家推荐的影响，这些专家传达的往往只是个人意见，而这些意见通常都是错误的。

此外，你必须学会看懂图表，这个工具非常有价值，对大多数专家的分析或投资来说都是必不可少的，然而那些业余投资者却认为图表过于复杂，又或者觉得它们与投资没有很重要的关联而采取忽略的态度。

为了显著地提高自己的投资收益，我做了三件事：

- 第一，我只研究那些有着最佳投资业绩的顶尖投资者如何做出投资决策。这些人包括20世纪50年代后期在共同基金组织中名声大振的杰克·德雷弗斯（Jack Dreyfus）；20世纪60年代早期富达投资（Fidelity Investments）的内德·约翰逊（Ned Johnson）和杰里·蔡（Jerry Tsai）；杰拉尔德·勒伯（Gerald Loeb）——股票经纪人及《投资生存战争》（*The Battle for Investment Survival*）的作者，他在20世纪20至60年代期间进行的投资赚了不少钱；还有杰西·利弗莫尔（Jesse Livermore），他在股市的投资业绩和方法被埃德文·拉斐尔（Edwin Lefevre）在其1923年的经典之作《股票大作手回忆录》（*Reminiscences of a Stock Operator*）中以传奇般的方式详细呈现。所有这些专家们在其股市生涯中的某一时期都创造了令人难以企及的投资业绩。

- 第二，当我投资失误而损失资金或盈利大幅缩水的时候，我会仔细地在周K线图上标绘出我买卖的每只股票。当我遭受损失或错过一个大好时机的时候，我会认真分析自己究竟错在何处，随后我会总结出新的投资方法并把它们记录下来，然后谨慎地按照新的方法去做，以免重蹈覆辙，我把这些方法写在小型拉链笔记本的前面一两页，每天随身携带。

➡ 第三，我把近几年来表现最好的 50 只股票的图表都剪下来并收集在一起，分析这些股票的价格上升 2 倍或 3 倍之前，它们的基本面（如收入增长等）和技术面（价格和成交量）的情况,然后记下其共同的关键特征，这样我就能弄清楚在以后的投资中应该寻找的因素。

这些准备工作到底有什么作用？它创造了怎样的实际效果？1998—2002 年，美国个人投资者协会（AAII）对我们的系统进行了每月实时行情的研究和分析。我们的系统叫 CAN SLIM 投资研究工具（参阅投资建议 2），在我早期的著作《笑傲股市》中，具体定义并详细阐述了这一系统的表现和方法。美国个人投资者协会是一个成立于芝加哥的组织，它把我们系统的表现与另外 52 个广为人知的投资系统——包括彼得 · 林奇和沃伦 · 巴菲特的投资系统进行了比较和分析。

CAN SLIM方法

约翰 · 巴耶克沃斯基（John Bajkowski）在美国个人投资者协会 2003 年 4 月期刊上发表的文章中写道（参阅投资建议 1）：

> 5年多以来，美国个人投资者协会对大量各种选股系统的业绩进行了监测和分析，我们的结论是：**无论在牛市还是熊市，CAN SLIM方法是最稳定、表现最好的选股系统之一。**

美国个人投资者的独立研究结果发现 CAN SLIM 系统的业绩如下：1998 年的股票投资收益率为 28.2%，1999 年的收益率为 36.6%，2000 年的收益率为 38.0%，2001 年的收益率为 54.4%，2002 年的收益率为 20.7%，5 年的总体复合回报率达到了 350.3%，这期间历经了两个牛市（股市全面上扬）和 3 个极为困难的熊市（股市大幅下跌）。在同样的 5 年里，标准普尔 500 指数下跌了 8.3%。2003 年 3 月 14 日，按照我们的选股方法，美国个人投资者协会对大约 10 000 只不固定派息的股票进行筛选，最终只有 4 只股票被选中。他们是阿波罗教育集团（APOL），当时股价为 47.84 美元 / 股，到了 6 月 30 日上升到 61.80 美元 / 股；FTI 咨询(FCN)当时股价为 42.45 美元 / 股,到了 6 月 30 日下降到 24.97 美元 / 股；国际游戏科技公司（IGT）当时股价为 78.01 美元 / 股，到了 6 月 30 日上升到 102.33 美元 / 股；梯瓦制药（TEVA）当时股价为 38.10 美元 / 股，到了 6 月 30 日上升到 56.90 美元 / 股。股价平均上涨率为 17.1%。

从 20 世纪八九十年代开始，《投资者商业日报》有成千上万的订阅者虔诚地跟随我们的方法，他们积极学习且富有行动力，按照我们的规则和方法进行投资后，获得了高达数倍甚至十几倍的净利，很多人因此步入了百万富翁的行列。当然，正如我们反复强调的那样，并不是每个人都能轻而易举地及时止损，或者根据我们的方法掌握卖出时机并获得可观的收益。有些投资者只是随意浏览一下我们的资料，或者没有真正的原则和决心付诸实施，或者没有理解识别股市顶部的方法，可以肯定的是，他们只能得到更加失望的投资结果。

我们内部的资金管理小组根据我们的数据分析进行投资，到 2003 年 6 月为止的 5 年间创造了 1 356% 的净利回报。

只要读者完全遵循我们的投资方法，并理解了《投资者商业日报》的“图表收录”栏目中对每日大盘的分析和“投资者广角”里成百上千篇教学文章，都能在2000年的3月和4月间及时卖出股票套现。

从1977年开始，我们的姐妹公司——威廉·欧奈尔公司（William O'Neil Co.）开始为机构投资者出版《股市新主张》（*New Stock Market Ideas*）周刊，该周刊应用我们的CAN SLIM投资系统进行实时操作历时更久。从那时起到2002年末，《股市新主张》提供的投资建议得到了26 173%的惊人总回报。虽然每年的复合回报高得可能令人有些难以置信，但公布的数据是真实无疑的。这一结果与同期《价值在线》（*Value Line*）公布的在标准普尔500指数里表现最佳的第一等股票909%的回报率相比，高出了27倍多。

为什么我们的投资系统对成千上万的认真专注的投资者来说效果这么好呢？真正的秘密在于，CAN SLIM投资系统并不是基于我个人的观点、信念或主张，而是完全依托于全面客观的研究而总结出来的，我们的研究对象是过去半个世纪每一年里最杰出的股票投资者的投资实践。在他们取得最好的投资业绩之前，他们操作的共同特点成为我们的买入原则，而当每只领头羊到达顶峰时，各种变量的变化动向成为我们的卖出原则。

因此，如果你违背了我们将在本书中阐述的任何一条原则和方法，你可能会犯下许多不必要的错误，你会因质疑股市到底是如何运作的这一问题而介怀很多年。

几十年来，与很多美国最好的投资机构共事并向他们提供我们的研究意见，极大地帮助了我们对历史模型的细致分析。我们在1963年建立了第一个历史股市数据库。如今，已有超过 600 个世界大型投资机构作为我们的固定客户，接受我们经过计算机处理过的研究报告。其中的一个例子就是网达服务（WONDA® service），该客户和我们的数据进行了功能强大的联合交互。

我们在 2002 年没有遇到过像华尔街一些公司所遇到的问题，因为我们的投资毫不相同，并且是完全独立的。我们不出版基础分析研究报告，也不做各种推荐；不做投资银行业务，不上市有价证券；没有和公众打交道的零售职员和零售分支机构；也不从事债券、商品期货或货币业务。我们只是利用尖端先进的计算机历史数据库做一种高度专业的机构业务。

在这本简短的著作中，我把如何帮助你成为一个成功的投资者仅归结为 5 个简单的步骤。如果你愿意并有决心反复阅读这本书，直到你完全理解并熟练运用这几个步骤，就能获得很好的投资成果。你能借此过上更好的生活，并拥有许多梦寐以求的东西。得到这些不需要你花费大量金钱，也不必具备名牌大学的学位，任何人都能做到，你当然也能。从现在起，放手去做吧，一切就看你的了。

关于图表

有人说，一张图表抵得上千言万语。但是，对一个成功的投资者来说，股票图表则意味着更多，语言不足以表达。就像医生通过 X 光诊断病情一样，分析一下图表，你就知道一只股票或整个大盘是健康运转还是存在隐患。通过判断，你可知道是该买入还是卖出这只股票，是该进入股市还是持币观望。这样一来，你就会发现，一切都和以前不同了。

如果你不熟悉股票图表，或者认为它们太专业了，也不必担心。当你第一次被带到游泳池的时候，你很可能怕水。但是，很短一段时间过后，也许只是上了几节游泳课，你就喜欢上游泳了。

对于图表你可能没有这么容易乐意接受，但是，只要付出少许努力，你会发现，理解图表会显著地改善你未来的投资结果。而且，你研究图表的时间越长，你就变得越专业。你不仅能够根据图表预知股票的大幅运动趋势，而且还能从其所反映的信息中察觉到股票的绝对隐患和必须避免的危险，这对于帮助你避免犯那些代价高昂的错误有着极大的价值。

许多愤世嫉俗者由于无知而忽视图表的重要性，但是，他们没静下心来思考一个问题，那就是大多数行业的专业人士是如何借助各种工具而做出更好的决策的。例如，没有 X 光、心电图（EKG）或者磁共振（MRI），没有一个医生能胸有成竹地对你的身体状况做出诊断。

投资行业的专业人士也是以同样的方式来利用图表的，最成功的投资专家在买入或卖出一只股票前都会研究它的图表，正如医生在治疗病人前都要参考他（她）的医学照片一样。

图 0–2 显示了某只股票（用 XYZ 公司表示）的条形图，这是投资者最常用的一种图表类型。它是二维平面图，纵坐标表示价格，横坐标表示时间。价格的上下波动范围显示在图表右边，时间的跨度则显示在图表底部。在这幅图表中，最小的间隔代表一周。也就是说，每个条形线反映了由 3 个指标衡量出来的一周股价行为。条形线的顶端代表一周内该股票成交的最高价，条形线的底部是这一时期股票成交的最低价，条形线上的交叉线记号代表这一周股票的收盘价或者最后成交价。在图表的最底部，是像体温计一样测量股票每周成交量的条形图。

例如，这个图表最右端的条形图中显示了前一周该股票的交易情况。从图表上看，这只股票的最高成交价是 64 美元 / 股，最低成交价是 60 美元 / 股，收盘价是 63.5 美元 / 股，接近一周的最高成交价，一周总成交量超过 1 000 万股。在上上周，这只股票的最高成交价是 63 美元，最低成交价是 56.5 美元，收盘价略低于 60 美元，这 5 天的成交量上升到了超过 2 000 万股。

图 0–2 XYZ 公司周线图

上升的周（股票的收盘价高于前一周）在图中用黑色标示，下跌的周（股票的收盘价低于前一周）在图中用红色标示。这样是为了让你更容易看出区别，你以后就会发现，这样做迟早会派上用场。

你可能注意到这幅图表的价格波动范围看起来有些古怪，仿佛手风琴一样，有些部分条形伸展得很长，有些部分条形又压缩得很短。其原因在于这幅图表是用对数绘制的，而不是用算术绘制的。我比较偏爱对数绘制的图表，因为它以正确的比例显示了个股或大盘的走向。换句话说，当一只股票从 40 美元涨到 80 美元时，它上升了 100%；而从 80 美元上升到 120 美元时，它上升了 50%。前者的上升幅度是后者的两倍，虽然两者的价格都上升了 40 美元。

在本书中，你会发现更多类似的图表，上面都有像我在这幅图中所做出的标记。随着内容的深入，我们会使用更多的条形图来向你传递更多的信息。最后，你将学会如何通过这些图表找到 99% 的投资者都从未掌握过的信息，你的投资能力会变得出类拔萃。换句话说，从此，你会像个专家那样投资。

现在我们来教你如何读懂图表。图 0–3 这幅基础性的图表看起来非常简单，但它传达了很多内容。仅仅从这幅图的条形线，我就能看出这只股票在很长的一段时间内表现十分出色，并且相当值得拥有。但是现在我看出它有了麻烦——那些在长时间里不断哄抬股票价格的多方力量（买入股票的人）正遭受空方力量（卖出股票的人）的压倒性打压。因此，不管它过去的市场表现多么出色，公司现在的运转多么良好，也不管经过一段时间的下跌之后，它的股票看上去多么便宜，我都绝对不会考虑买入这只股票。如果我已经持有了它，我就会千方百计地及时抛售它，以免未来被套牢。

事实上，这幅图表显示的是安然公司在2001年4月的股票交易情况。在这之后，这只股票就一路跳水，跌幅超过 99%，并最终宣布破产，这一突如其来的状况给了它的雇员和股东一记没有任何先兆的沉重打击，也给美国整个经济系统带来一场难以恢复的信誉风暴。但是，如果他们那时候学会了使用图表，就会在固执己见之前认识到即将发生的悲剧。

这本书虽然篇幅短小，但是如果每一幅图表抵得上 1 000 字的话，这本书就可增加 10 万字，甚至更多。

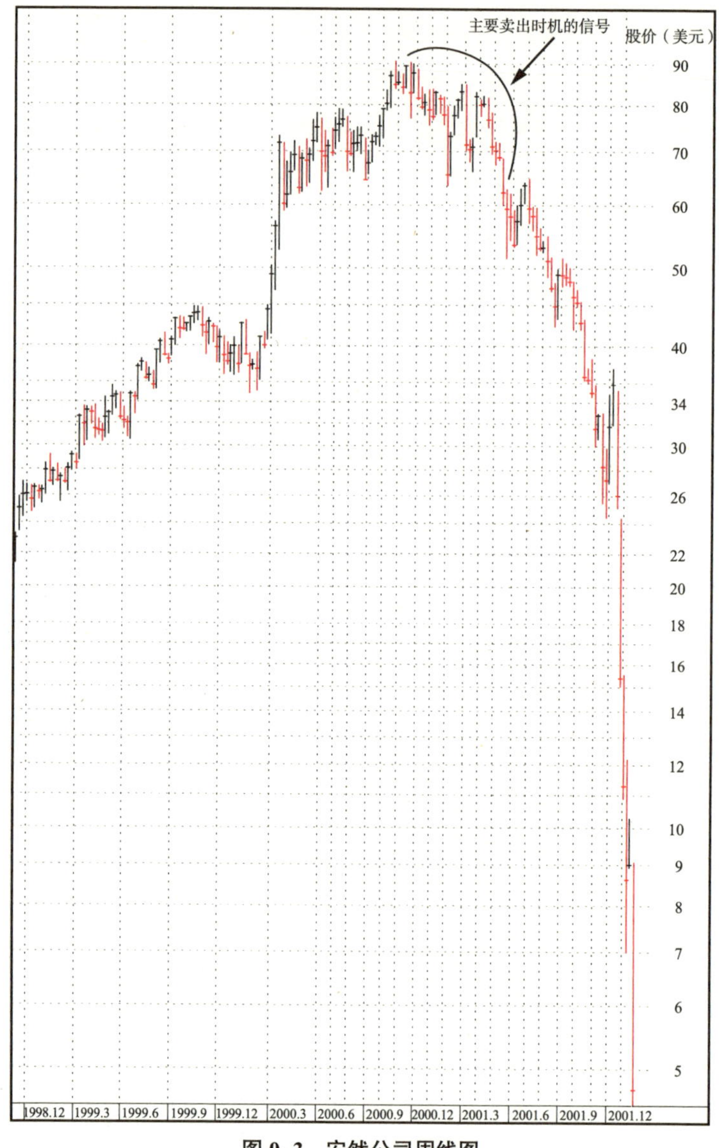

图 0–3　安然公司周线图

The Successful Investor

What 80 Million People Need to Know to Invest Profitably and Avoid Big Losses

第一部分
股票买卖五大原则

- 买卖原则 1　分析大盘走势
- 买卖原则 2　做好锁利或止损计划
- 买卖原则 3　在最佳时机买进最好的股票
- 买卖原则 4　及时出货，落袋为安
- 买卖原则 5　让你的投资组合利润最大化或损失最小化

买卖原则 1

分析大盘走势

为什么我们要从如何判断整体股市走向是上涨还是下跌开始谈起？因为一般市场由标准普尔 500 指数、纳斯达克综合指数和道琼斯工业平均指数界定，当市场见顶回落时，不管你持有的股票品质和表现如何，其中的 3/4 也都会随着大盘一起下跌。

此外，如果你学会了判别股市何时筑顶，你就具备了只有极少数投资者（其中包括华尔街的投资专家）才拥有的技能。作为一个团队，华尔街的投资专家们没能在 2000 年整个股市见顶时告诉顾客及时卖掉股票套现，导致 98% 的个人投资者收益受损。

那些股票经纪人、股市战略家和经济学家错在何处？错在他们往往单纯地依赖自己对股市的看法，同时也过分依赖对各种他们所看重的数十种商业、经济指标的解释。

这些指标即使起作用，其效果也是微乎其微的。因为并不是经济在领导市场，而是市场在领导经济，这就是为什么很多年前有先见之明的人将代表一般市场的标准普尔 500 指数当作“先行”的经济指标之一，而不是“一致”的或“滞后”的。简言之，华尔街的专家们将经济作为股市的预测工具，这完全是因果颠倒，必将犯错。

另外一群专家，我们称之为市场技术员，负责追踪 50~100 种技术性指标，如涨跌趋势线（advance-decline lines）、股票热门度（sentiment gauges）、超买超卖量（overbought-oversold）。但是在最近 45 年里，我没有见过一位技术员正确预测出股市的顶部和最终底部。他们顶多一时正确，接下来又会犯错，原因在于他们追踪的大量技术指标都不是关键的，远不如一般市场平均价格指数（general market average）精确。

这就给我们上了重要一课。**想要追求高度的准确性，你就必须仔细地观察和分析目标本身**，如果你想了解老虎，就去观察老虎，而不是天气、植物或山上的其他动物。

很多年前，当卢·布罗克（Lou Brock）决定打破棒球盗垒纪录时，他拿到了从一垒的位置所拍摄到的所有美国职业大联盟球队投手的高速影片资料。然后通过影片研究当各个投手投球给一垒的时候，他身体的哪一部分会先动起来，投手就是布罗克试图击败的目标，因此他需要研究关于投手本身的大量细节。

在 2003 年橄榄球“超级碗”大赛中，坦帕湾海盗队（Tampa Bay

Buccaneers）之所以对奥克兰突袭者队（Oakland Raider）完成了 5 次抢断，也是因为赛前他们做了研究，然后集中观察奥克兰四分卫的眼球活动和肢体语言，他们“读出”对方将要把球投向哪里。

哥伦布不接受关于“地球是扁平的”这一惯例说法，是因为他亲眼观察到大海上的船只消失在地平线上，这一现象告诉他，一定存在另外的解释。政府通过电话获取的情报、间谍飞机、无人驾驶飞机以及卫星图片来观察和分析对我们的社会可能存在威胁的目标，这就是我们在古巴发现了苏联导弹的原因所在。

股市也是同样的道理，要知道股市走向，你必须观察和分析每天一般市场的主要指标。不要去问任何人“你认为股市走向如何”，而要学会准确地看懂每天股市实际的行情。

日成交量

当市场表现出上升趋势，每天每周都在上涨时，你不仅要关注每天市场平均线的股价，更重要的是关注每天的成交量。从前一日开始，你就需要观察整个市场的成交量是上升还是下降，你还得记下当日成交量是高于还是低于近期日平均成交量。在一个蒸蒸日上的股票市场里，你可以看到价格和成交量大部分是共同上升的，这表明市场处于买盘力量大于卖盘力量的积累期。

追踪该行为最简单的方式是使用图表，图表上显示了各种指数的最高成交价、最低成交价、收盘价，在其下方是各种价格的成交量，在一幅理想的图表上，价格与成交量应该是绘在一起的，方便你放眼望去就能找到当日每个价格对应的成交量。

抛售

在任何上升趋势中，都有一个卖盘力量比买盘力量活跃的点，我们称之为抛售。当抛售出现的时候，你要马上将其识别出来，这一点很重要。**在抛售的第一天，收盘指数会低于前一个交易日的收盘指数，但是成交量仍居高。**

交易点拨

如何识别抛售

1. 在抛售的第一天，收盘指数会低于前一个交易日的收盘指数，但是成交量仍居高。

2. 另外一种抛售的信号，我们称之为滞涨行为。在这种情况下，先期交易活跃，市场走高，之后突然遇到阻力，无法进一步走高。市场并不立即下跌，只是上升幅度比不上前一两天。

然而，任何一轮牛市都不会因仅仅 1 个交易日的放量下跌就结束。通过研究过去 50 年来每次股市见顶回落的例子，我们发现，在跨度 2~4 周的时间内出现 3~5 天（近年来是 5 天）的放量下挫，已足以让市场从牛市转为熊市。在你观测了第 1 个抛售的交易日之后，你需要观察第 2 个、第 3 个、第 4 个甚至是第 5 个交易日。在第 1 个交易日过后，市场可能会有两三天处于上升状态；到第 2 个交易日，你将看到股市下跌，同时成交量却增加了。大约在第 2 或第 3 个抛售日，你开始持怀疑态度。到那时，卖方力量的强大超乎你的想象，而你当时可能也已经卖出了一两只股票了。到第 5 个交易日，你会意识到整个市场极有可能出现拐点，并开始踏上漫漫熊途。

市场还会以另外一种方式给出抛售的信号，我们称之为滞涨行为(stalling)。在这种情况下，先期交易活跃，市场走高，之后突然遇到阻力，无法进一步走高。市场并不立即下跌，只是上升幅度比不上前一两天。例如，如果市场在多周内处于上升趋势，但在某个交易日，成交量急剧放大，指数却仅上升了 40 点，而第 2 个交易日高开 30 ～ 40 点，但收盘时却只微涨 1~2 个点，而成交量却和前一天持平，这就是滞涨的表现方式。

在这两种情形下都发生的情况就是在某一点上股市停顿不前，停止了相对稳定的上涨。买卖双方力量的对比发生了变化，在一轮牛市中，买盘力量一般占优势，但是当股市放量滞涨并开始下跌时，卖方力量就会越来越强，并开始压倒买方力量。

请注意我提到的是卖方力量，而不是卖出者。在牛市中，买入者的数量不一定超过卖出者。在股票价格上涨时，也有可能出现卖出者比买入者更多的情况。例如，买入者是像共同基金这样的大型机构投资者的话，其买进的股票要多于卖出者卖出的量。你也可以看到，成百上千的散户少量购买，很容易就被少数大型机构投资者卖出的量打压。

这就是为什么追踪价格和成交量同样重要。如果市场下行，成交量下降，这并不意味着什么。但如果成交量急剧放大，就表示其中有玄机。这个现象说明成交量急剧放大使得股票的供求比达到某一点时，就会影响股票走势。

查看 3~5 天的股市抛售时间段，可以发现，其中大多数交易日里股市实际上是下跌的，只有一两天显示小的反弹，前者很容易看出来。但是关键在于你要学会识别抛售所采用的方式，并正确计算出抛售的天数。

抛售在任意一种主要指数——标准普尔 500 指数、纳斯达克综合指数和道琼斯工业平均指数下都会出现。很多时候，《投资者商业日报》会在同一页上罗列出三大股指的大量图表，我每天都要逐一研究。通过这种方式，当股市变幻、出现重挫时，我就绝不会视而不见。如果大多数股票经纪人、股市顾问学会了这种市场分析法，就能挽救顾客未来可能出现的损失，同时，也可以大大增加他们的业务量和顾客稳定度。

为了进一步确认股市是否正在筑顶，你也可以追踪领导大盘的个股。我们对市场历史的研究显示，在出现抛售的情况下，这些领涨股同时也见顶了。在下一章中，我们会总结出一些重要的规律，教大家判断当股市在走高并且你有浮盈时，何时卖出股票。你将发现其中的许多规律都告诉你，**要在股市刚刚出现抛售时机的时候迅速卖掉股票**。因此，你现在有两种不同的方式——通过市场指数或大盘领涨股，来得知市场何时陷入困境。

在这样的时刻，你必须从股市撤离，不要购买任何股票。你可能需要抛售套现以拿回保证金或借来的钱。在股市中你需要顺势而为，而不是凭空想象或笃信他人的想法，而后者正是 99% 大众投资者的行为。他们被他人的意见、自己或其他人的猜测所引导。你想知道真相？真相就在于——事实会告诉你，市场是否正处于抛售的巨大压力之下（见图 1-1）。

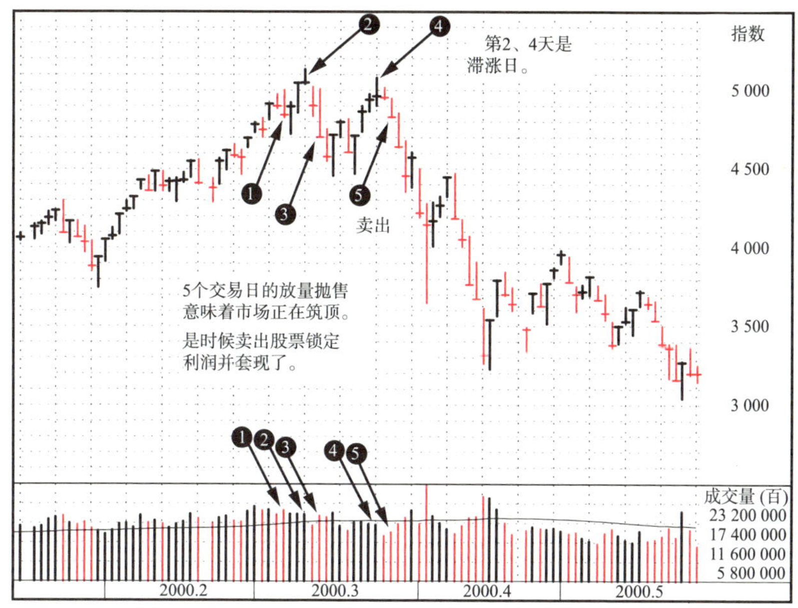

图 1–1　纳斯达克综合指数日线图

你的目标是百分之百与市场同步，而不是试图告诉市场你认为它应该是什么样的，市场不会关心你是谁、你在想什么或希望得到什么。一旦你学会正视现实——正在发生和实际发生的，你就学会了一项技能，拥有了一种大多数人永远不会有的洞察力。更重要的是，你将在市场的重要拐点卖出、套现并储蓄大笔的钱，而不是被套牢。比如 2000 年股市见顶，几乎所有美国投资者都错失了卖出股票的最好时机（见图 1–2 和图 1–3）。

如果你没有立刻学会这一技能，也不必泄气，如同其他事情一样，这需要耐心和实践。在学习的过程中，你可能会在判断抛售日时犯一两个错误。

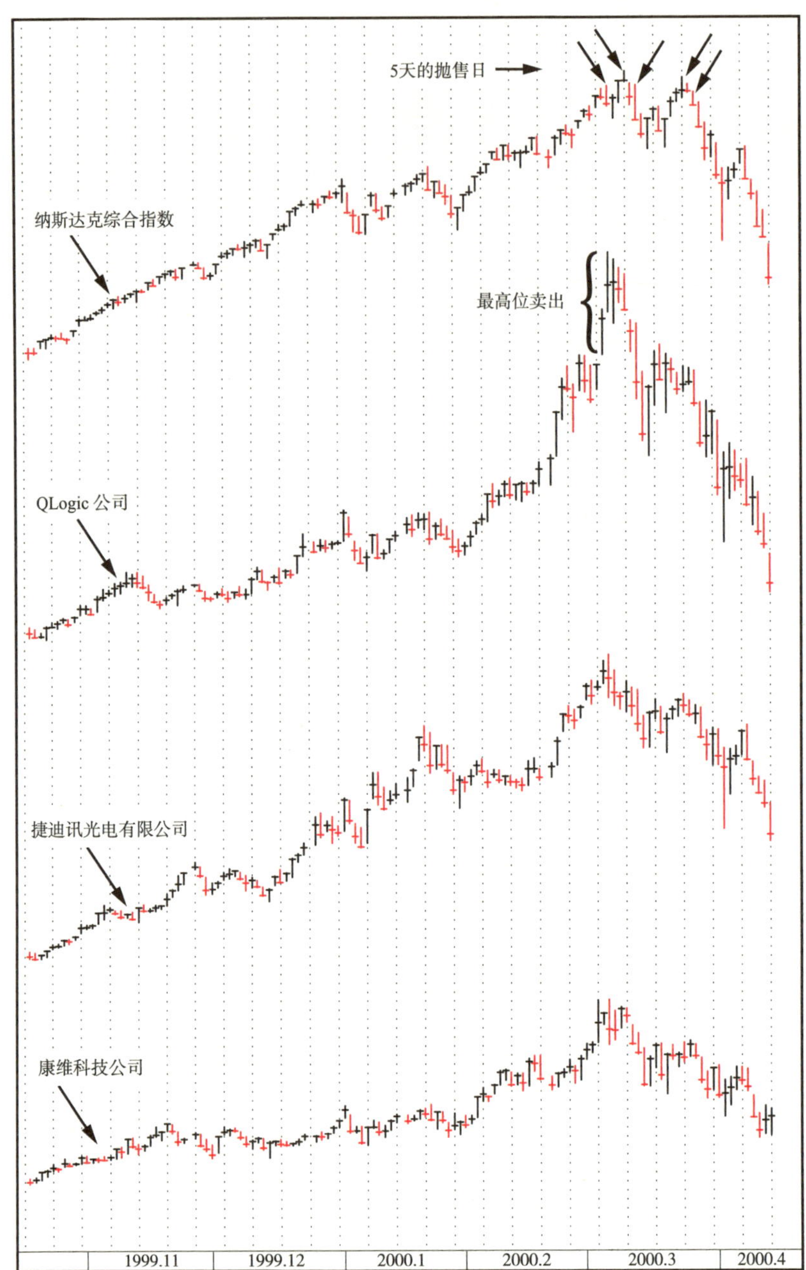

图 1–2　纳斯达克、QLogic、捷迪讯光电、康维科技日线图

注：在 5 个抛售日中，领涨股随着股市指数见顶而见顶。

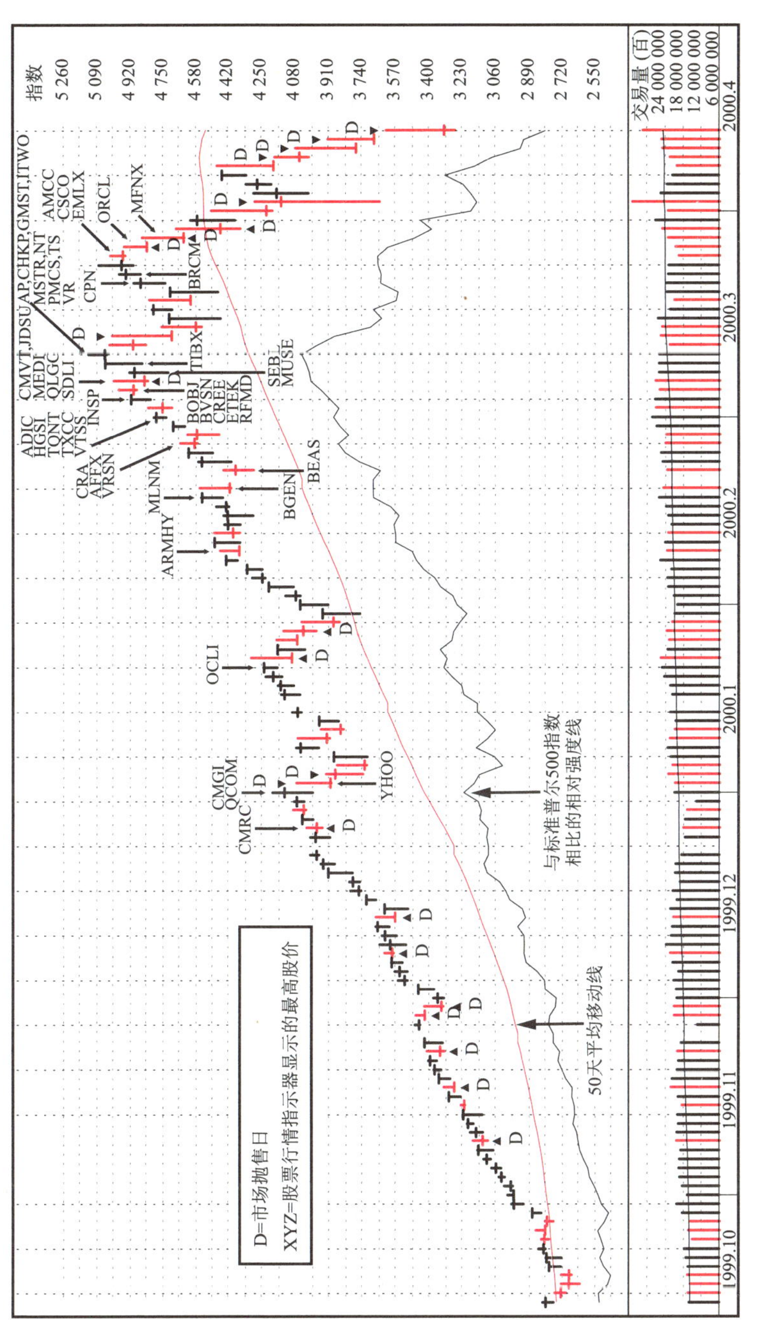

图 1-3　1999 年 10 月至 2000 年 4 月纳斯达克综合指数日线图

注：2000 年纳斯达克日线图显示的每日主要大盘领涨股票顶部。

我曾经见过的最常见的错误是，各种指标在图表上连续多天都紧密地凑在一起，价格指数从当前最高点到最低点的波动很小，较前一个交易日的价格下跌也很小。因此，即使成交量放大，股价下跌，波动也很小。如果你持有的股票3~5天内情况都是如此，抛售量也不至于大到能影响股市掉头向下。然而，一般来说，我们很容易根据价跌量增来确认抛售日，并且当日股市的高位与低位的差额范围将在平均股价之间。

《投资者商业日报》的头版“图表收录”专栏长期观察、评述抛售日，并在一般市场的市场指数图表页面用箭头标明。阅读这一专栏是另一种精炼并提高分析一般市场能力的方式。许多《投资者商业日报》的订阅者坚持阅读该专栏的每期内容，2000年，正是该专栏不厌其烦地解释大盘的抛售将要发生时，读者才得以及时卖出股票并套现，对那些保持密切关注又认真的投资者来说，这真是价值连城啊！

交易点拨

如何判断市场走势

熊市通常会高开低走，相反，牛市总是低开高走。同样，如果你注意到那些价格低的垃圾股每天都出现在成交活跃的股票之列时，就表明市场可能会走弱。

牛市信号

既然我们已经讨论了市场的主要下行趋势是如何开始的，现在我们转向如何判断下行趋势何时结束，新的上行趋势何时开始，换言之，你如何认知市场的底部。

你永远不会知道市场的下行趋势还要走多远，你所知道的只是市场抛售气氛浓重，股市一路走低（这是大多数人根本不知道的，因此你已经入门了）。即便如此，股市下跌时，你仍需每天保持关注，在某些时候，市场会有几天的反弹和回升。回升之初的一两天不必过多关注，一般来说，股市下跌时通常会有一些支撑点引起一些反弹，但大盘的主要趋势仍是下跌。

通常这个牛市信号或者说是熊市结束信号，出现在 7 天试探性反弹中的第 4 天，有时甚至会在第 10 天或更迟才形成，但接下来的反弹力度可能不会太强劲。在确定信号出现的交易日，一种主要的市场价格指数会有大幅且具决定性的上涨，通常上升 1.7% 或者更多，成交量比前一日放大，同时也明显高于日平均量。然而，重要的一点是，不要被前两个交易日的上扬所迷惑，而被未酝酿成熟的反弹套牢。除非你获得确认信号，否则你真的无法确认市场的拐点。

我们创造的系统具有极大的附加值，不仅帮助你从牛市的顶部及时逃脱，并抄底进入下一个牛市，还可帮助你躲过一些回升假象，及时兑现，避免套牢。这个实用的概念有几大优点。在股票市场从高点跌到大底部的过程中通常会有两三个熊市（一个或多个主要平均价格指数下跌 18%~20% 或者更多），即使其间有多次试探性反弹行为，也没有出现一次有效的反转日，直至真正的股市底部到来。

交易点拨

如何判别牛市信号

你能可靠地推断出市场会回升的唯一依据是第 4 个交易日，如果交易量在前一个交易日就突然增加，并且一个或多个主要指数呈现明显的增长，市场即给出了牛市起点的确定信号。

熊市经常会有持续几个交易日的反弹，第一天成交量增加，而股票市场平均价格指数却在下跌。这在多数情况（并非所有情况）下是股市反弹失败和大盘继续下行的开始。理解这一点很重要：**所有新的牛市都以一个反转日开始，大多数反转都发生在大盘进行试探性反弹的 7 天里的第 4 天（见图 1–4）**。明白了这个道理，你就能理解我们所设计并日益完善的系统，通过这一系统，你可以在股市见底后的第 4~7 个交易日进入市场抄底。任何其他技术都达不到这个理想的效果。如果你听信某些消息（结果将会很糟糕），或按自己的感觉行事（效果肯定不佳），你很有可能会错过最佳抄底时机。

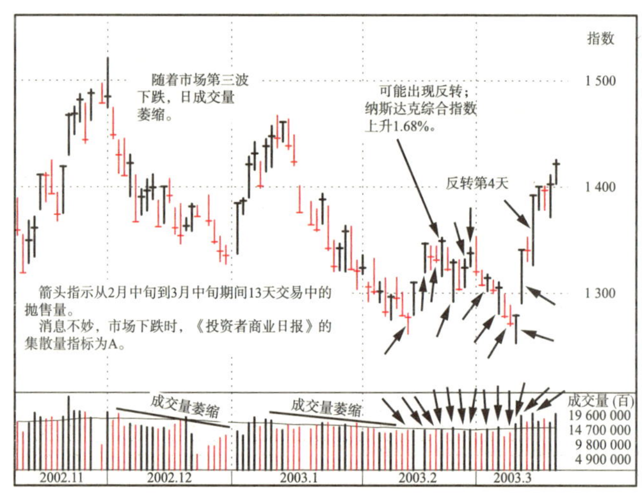

图 1–4　2002 年 11 月至 2003 年 3 月纳斯达克综合指数日线图

注：2003 年 3 月，市场在不确定性和负面消息的打压下见底。

市场反转

这些年来，我发现当市场已经处于反转之时，绝大多数投资者都不相信这是真的。他们犹如惊弓之鸟，忙于在惨痛下跌时舔舐伤口，有太多负面消息被无限放大，以至让他们习惯于质疑和害怕每一次市场反弹。事实再次证明，在这个令人担忧的时刻，起决定作用的不是你的所思所想，而是你能否认识并理解市场指数本身所传达的信息。如果市场反转持续到第 4、5、6、7 个交易日，并伴随着成交量的放大，它便表明："我正在启动一轮全新的牛市，不管你希望什么，担心什么或个人看法如何。"

可能四五周前你就对市场有所感觉了，但是，如果市场情势突变，你就必须意识到，不能再保持和之前一样的想法了。如果你的想法不随之而变，你与市场博弈的同时便会损失资金。当市场改变，你必须顺势而为，不要在乎那些小钱。你无法做到始终如一，因为市场并不是始终如一的。一旦市场出现拐点，你的说法以及几周前固执地相信的一切都完全不相关，并且丝毫不值得捍卫。勿以某个观点自鸣得意，勿过于自我。正如爱默生所说："墨守成规的做法是愚蠢的。"战场上最好的将军往往反应迅速，会根据情况，如敌军动向、天气、新的或意料之外的环境，或者遭受的失败和错误，改变作战计划。对你来说，正确的判断是把握市场最重要、最关键的因素，**在平均线上的每一个拐点都是很重要的。**

当你在市场反转时抄底，买下那些创下新高的领涨股票，就能在市场上获得最大收益。这些股票是新牛市阶段新的龙头股，它们涨得比其他股票更高更快，即使其他股票最终也会加速上涨。但是这些新的领涨股并不显山露水，直到市场完全明确并开始触底反弹。在接下来的 3 个月，它们继续以不同的走势上涨并创出新高，那时，你要努力找出新的领涨股并买下它们，不能在等待观望中浪费机会。当新的牛市最终大白于天下，那可能是几个月之后了，到那时，股价也会升得更高。

多年的经验告诉我，在 80% 的情况下反转日是有效的，并能发展出新一轮的牛市。在另外 20% 的情况下，伴随着指数的下跌和成交量的放大，反转通常会在几日内失败。

任何投资系统或规则如果在 75% 或 80% 的情况下起作用，便已足够可靠，并能助你获益不少。这要比没有投资系统或规则做依据强多了。仅仅依赖你的想法或可能与你有同样想法的人所持的观点是不可靠的。

在 2000—2002 年的熊市中，有好几次反转持续几天后失败的情况。但是在最近 3 年，用两三次的小打击（当你刚拿回买股票的投资资金时，就得卖出股票）来在新一轮牛市最初显露端倪的时候成功进入股市抄底，这使那些有潜力的超级赢家们最终获得成功。

这个投资系统最关键之处在于，你永远不会错过任何一个主要市场的顶部或底部。在大多数情况下，它会让你远离许多假象，股市不成熟的回升最终会让你付出高昂代价。

第一次检验和完善我们的系统时，我们使用了过去 50 年间每个市场顶部和底部的模型，但是 2000—2002 年的大熊市越是艰难，我们越是想知道这一投资系统是否适用于上一个熊市，也就是 1929—1932 年的熊市引发的大萧条。毫无疑问，在 1929 年股市到达顶部的第二天就步入了漫漫熊途。也就是说：乐极生悲。

如何测准

关于投资的另一种荒唐的说法是，你不能测准股市。通过运用这个系统，在 1962 年 4 月股市触顶、IBM 股价下跌 50% 之前，我已经卖出了全部的股票。在 1987 年的股市中，当某一天道琼斯工业平均指数一路跳水跌至 500 点时（在当时跌幅超过 22%），股市已岌岌可危。早在股市崩盘之前，我们已将所有股票全部变现。在 2000—2002 年的熊市中，仅仅依据自己的股市卖出原则和平均价格指数就确定了抛售日，这使得我们在 2000 年 3 月回笼了大量现金。过去，我们多次做过这样的系统工作，那些真正做足功课并潜心研究股市的人们同样能够做到这一点（见图 1-5 ～图 1-11）。

图 1-5　道琼斯工业平均指数，1974 年市场底部日线图

图 1-6　道琼斯工业平均指数，1978 年市场底部日线图

图 1-7　道琼斯工业平均指数，1982 年市场底部日线图

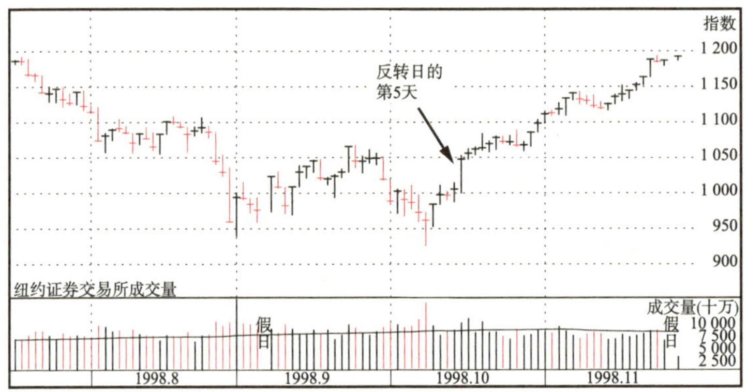

图 1-8　标准普尔 500 指数，1998 年市场底部日线图

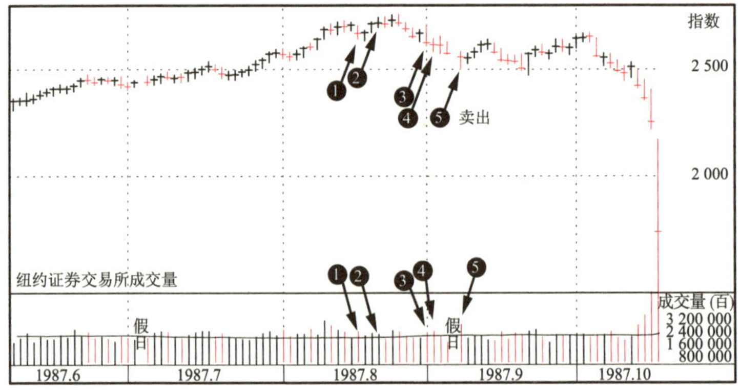

图 1-9　道琼斯工业平均指数，1987 年市场顶部日线图

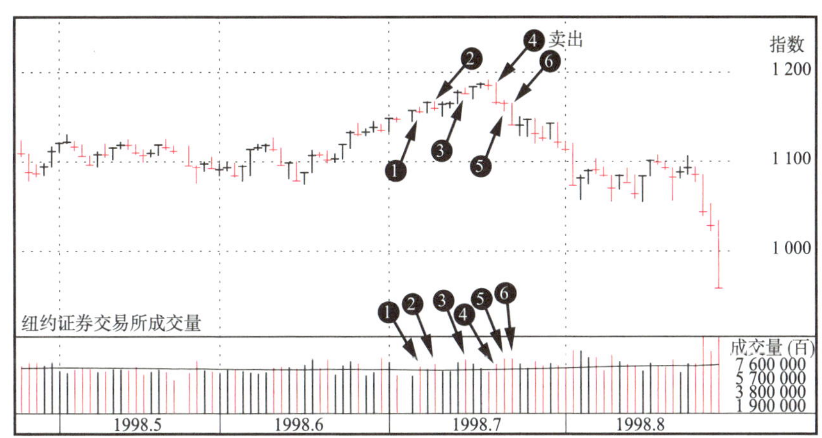

图 1–10 标准普尔 500 指数，1998 年市场顶部日线图

图 1–11 1929 年 7 月至 1929 年 11 月道琼斯工业平均指数日线图

注：《投资者商业日报》的股市抛售系统在 1929 年股市达到高峰两天后发现顶部。

许多年前就有了股市无法测准的说法，当时有少数基金经理尝试预测股市，但最终没能做到。作为共同基金经理，如果他们不想输给竞争者，就必须准确掌握买入和卖出的时机。进一步说，他们一定要在准确的时间买进股票，以便在股市触底反弹时增加业绩。这也是他们的竞争对手喜欢的做法，但是这种做法被证明是不可行的。因为基金过于庞大，无法筹集到30%的现金，或者说即使从股市中拿回30%的现金也很难做到。

当时共同基金公司的管理层主张自始至终投入全部资金（或至少95%），正因为如此才加深了“你不能测准股市”的谬论。真实的原因在于大多数共同基金规模太大，反应太慢，失去了弹性，因此无法通过测准股市而获得有利条件。作为一个灵活的个人投资者，你没有规模上的不利因素，可以从容地出入股市，在这一点上你占有明显优势。

基金完全投资于绩优股的策略在大多数调整幅度为20%~25%的熊市里都能带来非常好的回报。但是在调整幅度为35%~50%甚至更大的熊市中，这一政策具有相当大的破坏性，许多个股都比股市指数的百分比修正跌幅大得多。这就是为什么你作为一个个人投资者，必须掌握一套经得起时间检验的投资系统，来帮助自己进行决策，使得自己多年积攒起来的血汗钱得以保值增值。

即使你要花上一两年时间来学习这一简单的投资系统，并积累一些实践经验，也是非常值得的。一旦你掌握股市的实际运作方式，将来就一定会给你带来可观的收益。有了这种知识和技能傍身，你势必能尝到回报的甜头，甚至改变你的整个人生。任何人都可以学会，只要你有决心和毅力，并坚持不懈地学习和实践。你可以把《投资者商业日报》的“图表收录”专栏当作你最好的引导者和老师。

买卖原则 2

做好锁利或止损计划

在 2000—2002 年的熊市中，大多数人损失了大量本不该损失的财富，其主要原因在于他们不知道如何避免损失。当他们持有的股票跌到低于实际购买价格的一定百分比的时候，他们不知道为什么总是要通过减仓来减少损失，也不知道如何进行适当的减仓。

换句话说，投资者没有一套有效的防御措施护身。他们也许经常积极出击，因而擅长进攻，但是并不知道如何退守和防御。如果他们买入了有上涨潜力的股票，那么暂时是安全的；但是当他们买入的股票表现不好并开始下跌的时候，如果没有一套原则来指导他们何时卖出股票的话，投资者便会陷入盲目无助的境地。

现在，我将向你逐步阐释一些卖出股票的原则。如果你真正用心理解了这些原则，并切实地按照我们的方法去投资，那么即使你买入的股票只有 1/3 表现良好，这些原则也能永远保证你的资金安全，避免不可挽回的巨大损失。一旦选股平均成功率高于 1/3，这个投资系统就能让你获得高额回报。

买入一只股票而不知道何时卖出，也不知道为什么要卖掉它，那就好像买了一辆没有装刹车的汽车，乘坐一艘没有救生工具的船，或者进行飞行训练时教练只教你如何起飞，却不教你如何着陆。试想如果你拉动一把不知射向何处的弓，后果将是多么可怕啊！

大多数人都是脑袋空空地就开始进行股票投资的，他们认为不必做太多准备工作，只需听听别人的建议并大胆投资，就会马上变得富有了。他们对股市的风险毫无意识，更不用说会做点什么来减少风险了，即使惊险重重，他们仍然不顾一切地毅然前行。

寻找领涨股

如果我们所要做的全部事情就是买入一只“好”股票，然后什么也不用管，只需要坐看它魔术般地上涨，不断地上涨，这当然是足够幸运的事情。我承认，在 20 世纪 90 年代疯狂的泡沫经济中，股市的表现看上去就是这样的。但是，正如许多人历经艰难之后才知道的那样，90 年代的股市根本不是那么回事。

你必须意识到，根本就不存在所谓“好的”或“安全的”股票。从某种程度上来说，所有的股票都是坏股票——除非它们的价格上涨。你挑选股票的唯一判断标准就是，好的股票在你买入它们之后会通过价格上升来证明自己，好的股票一定会创造收益。

当然，很多股票都会大幅上涨，你应该把这些股票挑选出来（我会在下一章探讨如何发现这些股票），但是即使是很出色的股票也不会永远表现出色，因为这本来就是一项不可能的任务。研究表明，对近 50 年来所有市场表现最好的股票而言，它们最好的市场表现期平均仅持续一年半到 2 年时间，有一些股票可以持续 3 年，只有极少数股票能持续 5~10 年。即使最好的股票最终也难免下跌，当它们下跌后，给你带来的损失和普通股票一样多或者更甚。尤其是当你出手太晚，买入时价格已然攀高时，损失必定巨大，这样的悲剧与很多投资者在 20 世纪 90 年代牛市最终崩溃时所遭遇的很类似。

真正的股市领涨者以翻 2 倍、3 倍甚至更多的杰出表现让其他股票只能望其项背，一旦它们到达顶部而后大幅下跌时，平均跌幅会高达 72%，这是近 50 年来每一个股市周期所有重量级领涨股的平均跌幅。而在 20 世纪 90 年代的股市中，许多高科技领涨股价值缩水 90% 以上。

以上数据可能并不能使你信服，你也许会说，这些下跌的领涨股过一段时间不是还会反弹回升吗？不幸的是，对持有这一观点的人来说，答案是否定的。近一半的领涨股永远无法恢复到原来的高峰值，一些可以复原的股票几乎用了 5 年时间才做到，也有一些股票可能会超过原来的高峰值，但这要花上比 5 年多得多的时间。

投资者如果认为 20 世纪 90 年代出色的领涨股会很快恢复元气，那么他应该先了解一下以往的股市。20 世纪 20 年代，领涨股处于股市投资者心理极度膨胀的时期，它们经历了 1929—1932 年可怕的熊市之后，股价都大幅下跌，直到 20 世纪四五十年代都没有完全恢复过来。例如，美国无线电公司（RCA）在 20 年代后期股价剧增 467%（从 18.70 美元 / 股涨到 106 美元 / 股以上），然而到了 1932 年，每股价格跌到了 3 美元以下，直到第二次世界大战之后的黄金时期（1963 年），它的股价都没有恢复到下跌前的最高水平（见图 2-1）。

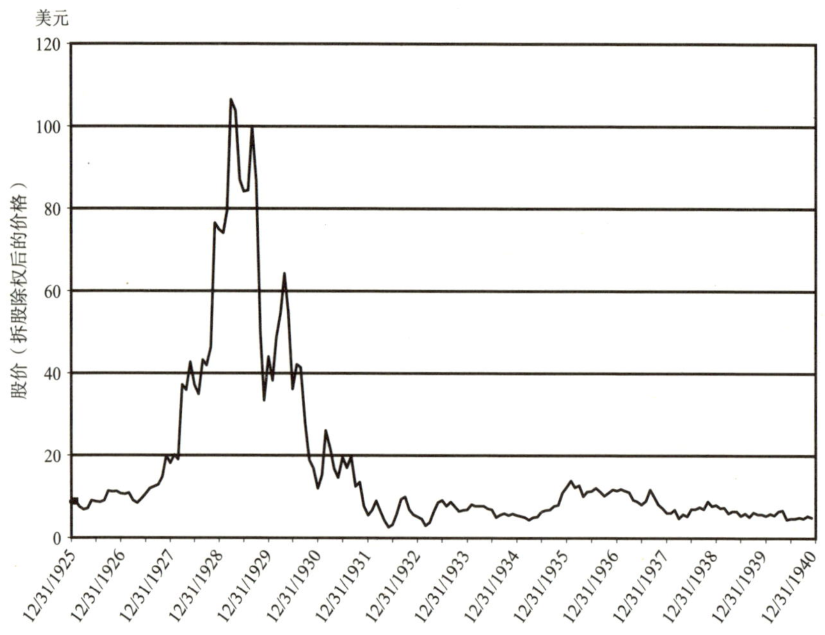

图 2-1　1929 年美国无线电公司的高峰与低谷

数据来源：©CRSP，芝加哥大学研究生学院证券价格研究中心，版权所有，侵权必究。

20 世纪 20 年代的美国无线电公司与 90 年代的美国在线[①]（AOL）和思科系统的情况非常类似。美国无线电公司是一种新兴通信技术的领

① 美国在线 2000 年与时代华纳合并为美国在线时代华纳（AOL Time Warner），于 2009 年和时代华纳分拆。——编者注

导者（无线电公司于 1920 年第一次进行商业性广播），它在当时对人们生活的改变不啻最近十几年来互联网对人们生活的改变。如下表所示，在动荡的 20 年代，美国无线电公司并不是唯一股价暴跌并历经多年才得以恢复元气的股票（见表 2-1）。

表 2-1　1929 年的领涨股是如何在 1940 年 12 月恢复元气的

股票名称	价格（美元）		
	1929年8月	1932年6月	1940年12月
道琼斯工业平均指数			
美国制罐公司	178.00	32.50	88.50
通用电气	98.88	9.50	33.13
美国无线电公司	100.00	3.25	4.63
西尔斯·罗巴克公司	157.02	9.97	78.13
标准石油公司	68.96	22.58	34.38
美国钢铁公司	256.50	22.00	69.63
道琼斯运输业平均指数			
艾奇逊·托皮卡和圣菲铁路公司	295.50	19.00	18.25
纽约中心铁路局	231.97	10.76	13.75
南太平洋公司	153.75	7.38	8.13
道琼斯公用事业平均指数			
美国电力和照明公司	117.19	4.00	2.50
美国电话电报公司	298.63	76.88	167.25
哥伦比亚天然气系统	62.95	5.50	4.50
国际电话电报公司	142.01	3.25	1.88
太平洋燃气和电力公司	78.20	18.75	27.50

数据来源：©CRSP，芝加哥大学研究生学院证券价格研究中心，版权所有，侵权必究。

交易点拨

领涨股不是永恒不变的

只有 1/8 的领涨股能在牛市中重振雄风，并在下一个或未来的牛市阶段再度成为领涨股。随着时代的改变，经济环境和竞争条件也不同以往了，长江后浪推前浪，市场常常会转向它所青睐的新的领涨力量。

最杰出的改革者、发明家、企业家相对来说只占少数——也许总共只有 100 万人，但是只要条件适合，比如当税收、政府的其他相应政策和法规鼓励和帮助创新者，而不是阻碍他们的时候，他们就会创立自己新的小公司。这些公司最终会创造 80%~90% 甚至更多的新的工作机会，同时，他们还会开发新产品、研发新技术乃至创造未来的新兴产业。

不久之后，一些羽翼初丰、利润可观的公司为了筹集资金做进一步的发展，会向公众卖出他们的股份。这些新发行的股票（首次公开募股或 IPO）将会确立市场领涨股的地位。**在 20 世纪 90 年代的牛市里，有 4/5 的领涨股是 80 年代和 90 年代早期首次公开募股的新公司的股票，这要部分地归功于当时的政策降低了公司发行证券的资本利得税。**在每一轮新的市场周期里，这些新鲜血液都扮演了最重要的复苏力量，因为大量的共同基金、机构投资者都涌向这些充满动力、快速增长的新的领涨股，这些新的领导型公司以其独一无二的新产品和新发明而充满潜力，因此备受青睐。反过来说，这种抢购行为最终促使这些股票的市盈率——股票当前价值最常用的测量指标，比刚开始显著上涨时的市盈率高出两倍还多。

关注机构投资者的影响

然而，当这些新兴的创业型企业发展到一定程度就会到达某个临界点，或者是产品的市场饱和，或者是更多竞争者的进入使得竞争更为激烈（包括一些拥有更新、更好、更便宜的产品或技术的公司），或者是失去控制而过度膨胀，或者仅仅只是规模发展得太大，不可能再保持原来的高速发展了。当公司的发展趋势改变时，原先争先抢购这些公司股票的大型共同基金，就会开始大量抛售这些股票了。这一过程结束后，我们的经济体系就会从原来的过度膨胀期进入重新调整期，这时新一轮的经济周期就开始了。这种过渡在很大程度上是由一些具有革新意识的新公司所主导的，这些公司通常都拥有令人激动的新产品或技术发明。在美国，这种改变和发展的步伐在持续加速前进。因此，对美国的经济和股市来说，让新公司的上市浪潮继续下去是至关重要的。因为能面向公众发行股票成功上市的新公司是很少的，如果不鼓励新鲜血液的加入，股市将裹足不前。

共同基金和其他机构投资者在决定股市的走向上扮演了极其重要的角色。当关于每日股市活动情况的典型新闻报道播出时，我总是听到一些有趣的说法，说“投资者”如何担心这个或者如何支持那个，好像个人投资者与整个股市有多大关系似的。事实上，个人投资者对股市走向的影响是微乎其微的。

在现实中，你只是买入了 200 股的某只股票，或者你的阿姨萨利卖出了 500 股的另一只股票，或者你的好友鲍勃下班后卖出 1 000 股的其他股票。对个人来说，这些都是很大的交易，但是让我们看看那些共同基金的动作吧。他们买进或卖出 50 000 股这种股票、10 000 股那种股票以及 20 000 股其他的股票。他们的巨额成交量远远超出你的、萨利的、鲍勃的和其他个人投资者成交量的总和。

在机构投资者或者专业投资者中，有很多人管理着成百上千亿美元的有价证券——占据所有重要股市交易的大约 75%（如果你忽略程式化交易）。大多数情况下，他们的交易——也只有他们的交易，才能左右市场。尽管他们也犯过很多错误，但是了解他们的感觉、担忧或者预测仍不失为洞悉先机的一条捷径，可惜的是他们不会出面告诉你。当然，你可以在电视上看到一些采访，但他们中的大多数人都不会接受采访。就我过去 40 年来和成百上千的专业投资者共事的经验来看，他们中最成功的投资者——真正的专家，很少为大众所知。他们忙于调研市场以做出各种重要的投资决策，而这些调研是公众既没有时间，也没有资源来实施的。他们最不愿意做的事就是在全国性的电视节目里教大众如何投资。

他们保持低调是有原因的。大机构的投资手笔可谓翻手为云、覆手为雨，迫于巨大的压力，他们不得不低调做事。像你和我这样的个人投资者进入股市后，在几分钟之内就可以完成 200 股、500 股或 1 000 股的下单，但是对管理几千万、几亿、几十亿甚至上百亿美元的基金来说，情况就完全不一样了。

如果一家基金管理着 50 亿美元的资金，它想用占基金 2% 的资金来持有一只股票。这就意味着它需要买入 1 亿美元的股份。假如这只股票是 50 美元 / 股，这家基金就要买入 200 万股。如果这只股票的平均日成交量是 100 万股，基金在每天这只股票换手时要买入预计股票的 5%，或者说 50 000 股。这就意味着，以一个月的交易日为 22 天来换算，这家基金要用两个月的时间来完成原定的投资计划，而这种预算是以每天都买进这只股票为前提的，但是实际上不能这样操作。基金更多地采取的是连续几天买入这只股票，然后用一两天的时间卖出一些，让股价压低一点，再继续进仓。这个过程会将完成计划的时间延长到 3 个月。

这家基金对该股票持续稳定的进仓和其他类似的行为，都会推动这只股票价格的上涨。这就是为什么当你看到它的上涨的时候，便会意识到背后有一只无形的手，这表明专家在买入股票。在下一章里，我们将讲述这一主题。就这一章节的目的来说，让你意识到专家在卖出股票同样重要，因为机构对这种股票的大量卖出或者抛售会迫使股价下跌。

正如机构投资者不愿意谈论他们正在买进哪些股票一样，他们更不愿意讨论正在抛售什么股票。原因很明显：如果其他人知道了真正决定股市走向的机构投资者正在抛售什么股票，他们也会跟风卖出，这样的话，这只股票的价格会下跌得更加迅速。当机构投资者想要抛售股票却不能迅速卖出时，只能接受越来越低的价格，只有这样才能将必须抛售的上万股股票出手，这正好给了那些思维敏捷的个人投资者一个巨大的优势。当然，前提是在机构投资者准备将股票脱手时，他能及时地察觉到这一动向。

在这种重大时机面前，你要学会忽视自己的感觉和其他人的意见，这一点尤为重要。当你看到你持有的股票的走向背离你的期望时，你必须持完全客观的态度，你也许会听到电视中某专家认为你持有股票的那家公司仍然运转良好，但事实是该公司目前的股票价格是 50 美元而不是 80 美元，它已经成了廉价股。从心理上来说，看到你的股票价格下跌了 37.5% 之后，听到这种专家观点可能会帮助你舒缓一下紧绷的神经。但是股市不会在乎你的感觉或者所谓的专家意见，你唯一应该重视的观点就是市场本身的观点，通过股票的价格和成交量，市场会清楚地告诉你机构投资者当时的所作所为。

从这个例子来看，你持有的股票从 80 美元 / 股一路跳水，最后跌到了 50 美元 / 股，这意味着股市一定是发生了什么事情。可以肯定的是，一些机构投资者正在抛售。你可能不知道这只股票为什么会一直下跌，事实上，你以后都不会知道这背后的原因，而且也等不到知情者出面披露细节。当消息传出来的时候，你所持有的股票可能开始暴跌不止，而你也将永远无法从惨重的损失中恢复过来了。

2000 年的股市泡沫破灭后，数以百万计的投资者身上就发生了这样的事情。许多在 20 世纪 90 年代出色的领涨股——这些股票每个人都不得不持有并最终都持有了，在 2 月和 3 月间股价达到了最高峰。但是很少有人注意到其中蕴藏的危机。相反，“专家们”仍然建议人们购买这些股票。更糟糕的是，这些所谓的专家建议投资者尽可能多地购买，即在“股价下跌时购买”，因为这时股票变得更便宜。你最好写下下面这句话：**“在股价下跌时购买”可以看作一种灾难的邀请，就好像肤浅的“买进得好”可能意味着“钱去得也好”一样。**

下面的情况很容易出现这种的情形，比如许多领涨大盘的公司在前一个季度的税后净收益上涨了 100%，华尔街的分析专家们就预计这个季度会与上季度的上涨幅度持平，甚至上涨更多。

当季度报告显示公司的税收净收益第一次下降的时候，股价就会下跌 50%~60%，随后大量的抛售接踵而至，迫使股价暴跌不止，令所有股东心惊胆战、噩梦连连（见图 2-2）。

图 2-2　1998 年 6 月至 2001 年 6 月雅虎周线图

注：每股收益在股价到达顶部时看起来非常可观，上涨了 350%。

相对于你购买时的股价，如果你持有的股票价格下跌 50% 或 60%（或者即使只有 25% 或 30%）的时候，你还不打算抛售，这就相当于给自己挖了一个洞往里跳，势必会陷入困境，无法自拔。以这只买入时 80 美元 / 股、现在 50 美元 / 股的股票为例，为了弥补你投资的 37.5% 的损失，这只股票——如果你卖掉了它，那么是你买进的下只股票，必须上涨 60%（从 50 美元 / 股涨到 80 美元 / 股），如果你没有卖掉它（因为它实在太便宜了），而它下跌到 40 美元 / 股（更廉价的便宜货），你就需要它的股价翻倍才能弥补损失。如果这只股票下跌 75%，它的股价将来必须上涨 3 倍才行！你知道能上涨 3 倍或者说即使只上涨 1 倍的股票有多么少吗？

记住：那些领涨股（你应该寻找的那种股票）达到顶部后平均调

整 72%（见图 2–3）。在 20 世纪 90 年代，许多著名的领涨股调整的幅度远远超过 72%。为弥补你的损失，一只股票的价格需要翻 4 倍（上涨 300%）才行，但这种概率是微乎其微的。即使你买入了另一只股票，而且它也上涨了，但是与你持有的上一只股票相比，它上涨那么多的可能性也不会大多少。

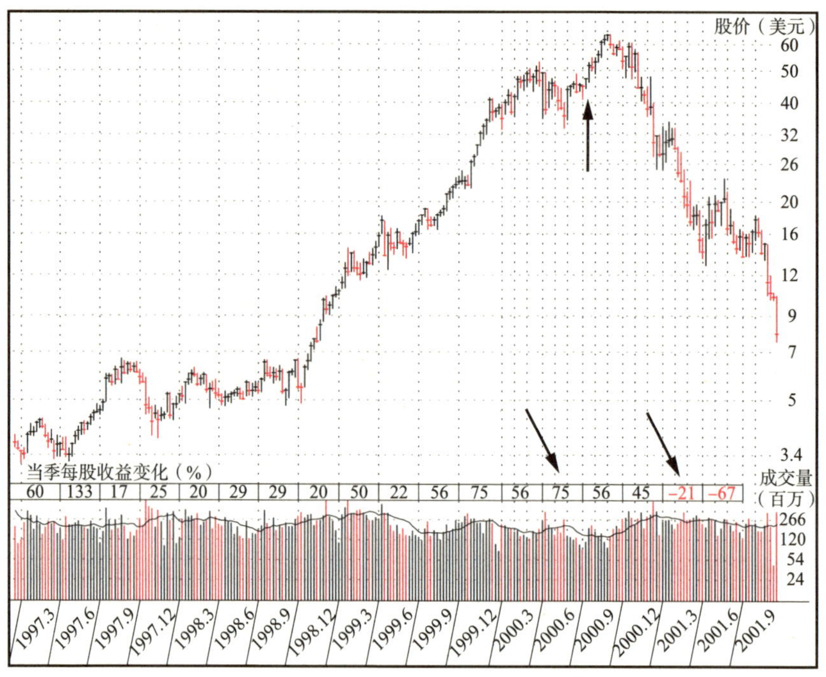

图 2–3　1997 年 3 月至 2001 年 9 月太阳微系统周线图

注：另一只领涨股在顶部显示了可观的收益。

制订止损方案

那么你能做些什么来避免可能发生在所有投资者身上的灾难性损失呢？有一种方式可以切实地避免损失，那就是制订一套卖出股票的可行性方案。当股票仍在上涨时，依据这个方案从中获利，当股票表现开始变差并且股价的走向与你的期望相反时，及时平仓，将损失减少到最小。尤为重要的是，当你持有的股票与购买时的价格相比上涨了20%~25% 时，你就应该考虑卖出一些，不要过于贪心地等待它上涨得更多；在它们下跌的幅度不超过 7% 或 8% 时，你应该及时平仓出手，将损失控制在较小的范围内。换句话说，**止利点确保的收益是止损点确定的损失的大约 3 倍**。

交易点拨

制订可行性方案

制订一套卖出股票的可行性方案。当股票仍在上涨时，依据这个方案从中获利；当股票表现开始变差并且股价的走向与你的期望相反时，及时平仓，将损失减少到最小。

通过运用保持损益比为 1 : 3 的投资方法，即使当你买入的股票只有 30% 是上涨的，而其余 70% 是下跌的，你也不会有太大的不可控的损失。下面有一个用 5 000 美元投资的例子：

交易1

你买入 100 股 50 美元 / 股的股票	用了 5 000 美元
但是它下跌了 7%	损失了 350 美元
你在 46.5 美元 / 股的价位抛出股票	剩余 4 650 美元

交易2

在 46.5 美元 / 股的价位，你买入 100 股	用了 4 650 美元
但是它也下跌了 7%	损失了 326 美元
你在 43.24 美元 / 股的价位抛出股票	剩余 4 324 美元

交易3

在 43.24 美元 / 股的价位，你买入 100 股	用了 4 324 美元
这只股票上涨了 20%	盈利 865 美元
你在 51.89 美元 / 股的价位抛出股票	剩余 5 189 美元

这 6 次交易（3 次买进、3 次卖出）的佣金将是 60~600 美元甚至更多。如果你雇用的是打了很大折扣的股票经纪人，只需付 60 美元；如果你雇用的是提供全面服务的股票经纪人，就需要花费 600 美元甚至更多。以平均每次交易付费 50 美元计算，总共的交易费是 300 美元，比起你开始投资时的 5 000 美元，你剩下的稍微有所减少，但也相差无几。

一旦你学会了适当地买入股票（我们将在下一章节讨论这个问题），你的股票交易成功率就会达到 1/2~2/3。**在你还没有达到操作纯熟的水准之前，即使你的股票交易成功率只有 1/3，这个规则——最多损失 7% 或 8%、最大获利 20%~25%，也足以让你的资金在投资活动中保值。**

一旦你的股票交易成功率达到了 1/2，这一规则就会帮助你获益更多。例如：

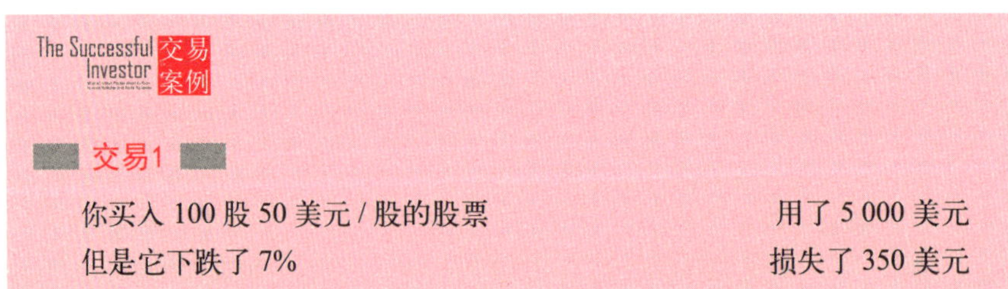

交易1

你买入 100 股 50 美元 / 股的股票	用了 5 000 美元
但是它下跌了 7%	损失了 350 美元

你在 46.5 美元 / 股的价位抛出股票	剩余 4 650 美元
交易2	
在 46.5 美元 / 股的价位，你买入 100 股	用了 4 650 美元
它上涨了 20%	盈利 930 美元
你在 55.80 美元 / 股的价位抛出股票	剩余 5 580 美元
交易3	
在 55.80 美元 / 股的价位，你买入 100 股	用了 5 580 美元
它下跌了 7%	损失了 391 美元
你在 51.89 美元 / 股的价位抛出股票	剩余 5 189 美元
交易4	
在 51.89 美元 / 股的价位，你买入 100 股	用了 5 189 美元
它上涨了 20%	盈利 1 038 美元
你在 62.27 美元 / 股的价位抛出股票	剩余 6 227 美元

扣除 400 美元佣金（假定每次交易需付佣金 50 美元，一共有 8 次交易），你还剩余 5 827 美元，换算后可以得，这个数字比你的投资本金多了约 17%。

将你每次投资获得的 20% 或 25% 的收益累积起来的话，成果就比较可观了。比如 3 次投资，每次获得 25% 的收益，累计起来就是 95% 的投资回报。如果在一个强劲的牛市里再借助 50% 的保证金（从股票经纪公司借来的钱）作为资本，你的收益就会增长约 190%。

维持收益损失比例

在随后的内容里，我们将谈到一条重要的原则。这条原则会让你在买进股票后的第 1 周、第 2 周或第 3 周内马上获得 20% 的投资收益。这种股票通常会成为你持有的股票阵容里的本垒打选手。同时，这个简单的用收益弥补损失的 3 : 1 规则将为你提供坚固的防御。相对于你只是买入一只股票，并且不管它的表现如何都长期持有的方式来说，这种投资方法要优越得多，它会让你获得不可替代的投资经验。

在股市低迷时期，投资收益弥足珍贵，你也许会改变损益参数，缩减它们的尺度和担保的幅度。比如，在仅仅损失 3%~5%、获利 10%~15% 时，你就卖出股票，或者只拿出你的可用资金的一小部分进行投资。**不管你如何调整投资方式，关键在于维持收益损失 3 : 1 的比例。**

有时候，当你在股价与买进的价位相比下跌 7% 或 8% 时卖出，股票却会反弹并且上涨到更高的价位。当这种情况发生的时候，你会懊悔将股票卖出得太早，觉得自己像个傻瓜。这种局面下你会对自己说："只是证明我买入它是对的，而过早地卖出它是一个错误的决定。"

但是，这样做真的是一个错误吗？当你在持有的股票价格下跌 7% 或 8% 时卖出，是为了确保你永远不会遭受那些让你无法挽回的灾难性的损失。你及时止损，是为了防止 7% 或 8% 的损失进一步下跌到 15%、20%、30%、40% 甚至更多，这种防患于未然的做法就好像是另外一种形式的保险。你不是为自己的房屋买了火灾保险吗？如果你的房屋去年没有被烧毁，你会因为买了这个保险而强烈自责吗？当然不会。在股票市场，你趁损失还小时就平仓也是同样的道理。有时候，一只股票下跌 7%，当你卖出它之后，它却反弹并上涨 20%。不要后悔当初的卖出，你就把它当作为了确保 7% 的损失不会变成 70% 的损失而付的一笔小额的保险费吧，而这 70% 的损失是你承担不起的，这样想想就划算得多了。在股市里的巨额损失就好像一处没有买保险的房子不幸被烧毁一样，即使你能恢复它，它也需要好多年才能完全得以恢复。

你也许会说，所有这些买进和卖出都还算平稳，只有那些买进卖出频繁的股票投资者才承担了更大的风险。但是那些买进相对稳定的蓝筹股或投资级股票并长期持有的投资者是否资金更为安全，获得的回报是不是更好呢？我来告诉你真相吧，根本不存在这样的事情。**所有普通股票都有高度投机的性质，都蕴藏着巨大的风险，包括那些大众一致认为是安全的股票**。在 2000—2003 年间，许多一旦买入股票就长期持有的投资者损失了 50%~70% 的财富，正因为他们一直将股票牢牢把持，没有在股票的表现变差时及时卖出。

40 年前，当我刚步入股市时，大多数寡妇被告知必须买入美国电话电报公司的股票，而她们也是这么认为的。毕竟，这是一家经营电话业务的公司，它永远不会破产。不仅股票的质量有保证，而且你也能获得稳定的股息。况且，你的父亲和爷爷可能都持有这只股票。1999 年 1 月，美国电话电报公司的股票还是 98.80 美元 / 股，但是到了 2002 年 7 月，它的股价跳水至 17 美元 / 股，下跌了 83%。看看吧，这就是所谓的安全型股票。

另一个例子是得克萨斯州公用事业公司（Texas Utilities，现在被称为 TXU Corp.）。它的股票从 57 美元 / 股的最高峰一路下跌到 10 美元 / 股，下跌了 82%。同样，公用事业公司是加利福尼亚的蓝筹股，却被当地令人难以置信的贫瘠的工业微控环境逼到了破产的境况。然后是朗讯科技（Lucent Technologies）——美国电话电报公司以派股方式成立的新公司，在美国，它的股票是被投资者最普遍持有的股票之一。朗讯科技不仅是世界上最大的无线通信设备提供商，同时也是著名的贝尔实验室的基地，它创造了划时代的科学突破。朗讯科技自1996年成立之后，市场表现一直处于上佳水平。1999年12月，它的股价达到64美元/股的顶部，从那以后，它的股价暴跌98%，最终跌至每股不到1美元（见图2-4）。

图2-4 1996—2002年朗讯科技月线图

注：所有的股票都蕴藏着风险，因此你必须及时止损。

有许多公司的股票的价格在股市周期开始阶段就飞速上涨，朗讯与它们的情况非常类似。如果这些公司没有因被兼并或破产而不复存在的话，它们的股价都跌到了每股 1 美元。在 20 世纪 60 年代，当彩色电视机被发明出来之后，它的生产厂家旗舰公司（Admiral）的股价在 39 周内翻了两倍。现在，你很难发现美国有哪个公司还在生产电视机。在 20 世纪 70 年代，商品服务公司（Service Merchandise）的股价在 139 周内上涨了 586%，但是你还记得上一次你去商品陈列室购物是什么时候吗？在 20 世纪 80 年代末和 90 年代，爱立信公司（L.M. Ericsson）因为发明了备受欢迎的便携式电话，股价一路高歌猛进，但是这家瑞典公司在 2000—2002 年的熊市中损失惨重。

我记得施乐公司（Xerox）的股价曾达到 260 美元 / 股，但是在 2002 年的大熊市中，它跌到了 5 美元以下。在 20 世纪 60 年代的股市中，美国机械铸造公司（American Machine & Foundry）是当时著名的领涨股，其股价曾超过 100 美元，但是最终却被纽约股票交易所除名。并不是只有以上几家公司受到这样的冷遇，很多曾经风光无限、倍受追捧的公司，如今却怅然寥落、乏人问津。表 2-2 则列出了在 2000—2002 年的股市中，其他蓝筹股和以前的领涨股在股市中的表现。

表 2-2　2000—2002 年期间，2000 年之前的领涨股或蓝筹股在股市中的表现

以前的领涨股或蓝筹股	触底时间（年）	见顶回落的最大百分比（%）
美国在线时代华纳	2.5	91
美国电话电报公司	3.5	83
亚马逊网上书店	1.75	95
苹果电脑	0.75	86
布伦瑞克公司	2.5	87
巡回城市百货公司（Circuit City Stores）	3	91

续表

以前的领涨股或蓝筹股	触底时间（年）	见顶回落的最大百分比（%）
思科系统	2.5	90
康宁	2	99
易安信公司（EMC）	2	96
柯达	4.75	74
爱立信	2.5	99
FAO Schwarz玩具店	3	99
福特汽车	3.5	83
盖普	2.75	84
通用电气	2	65
固特异轮胎	5	96
家得宝（Home Depot）	2.75	71
英特尔	2	83
杰西潘尼百货	2.25	89
捷迪讯光电有限公司	2.5	99
JP摩根大通	2.5	77
凯马特	10	99
美泰尔	2	81
麦当劳	3.25	75
美光科技（Micron Technology）	2.5	93
Nextel通信	2.25	97
甲骨文	1.75	84
宝丽莱	2.25	91
高通	2.5	88
Rite Aid药业	2	97
斯普林特Fon集团（Sprint Fon Group）	2.75	91
太阳微系统	2	96
得克萨斯州公用事业公司	0.58	82
泰乐	2.75	95
德州仪器	2.5	87
汤米·希芬格时装（Tommy Hilfiger）	3.75	86
泰科国际	1.5	89
美国联合航空公司	5	99
华特迪士尼	2.25	69

续表

以前的领涨股或蓝筹股	触底时间（年）	见顶回落的最大百分比（%）
世通	3	99
施乐	1.5	94
雅虎	1.75	97

注：长期持有不是投资者真正安全的做法。

正如你所看到的，所有的普通股票都存在风险。股市瞬息万变，今天的蓝筹股可能明天就成了垃圾股。然而，通过事后的分析，我可以找到像通用电气或者明尼苏达州矿业制造公司（3M）这样的多年来保持稳定增长的公司。然后我们会总结出："我需要做的所有事情就是找到这样一只股票，然后就高枕无忧了。"但是像通用电气和 3M 这样真正的长期成长型股票是非常罕见的例外。如果你真的想买入一只股票长期持有，你很有可能会买到安然或者世通这样的股票而倾家荡产。或者说，如果你最终决定买入通用电气，它也可能会下跌或者在未来的 5 年都表现不佳。股海变幻莫测，领涨股总是在不断地变换，没有常胜将军这回事。

分散投资

即使你非常幸运，买到了一只长期成长型股票，但是它可能在你所持有的有价证券中只占到 1/10~2/10。再说，如果没有严格的卖出原则和方法来管理它们，你如何防止其他股票带来的损失侵蚀或者抵消你买进的少数几个大赢家所获得的收益？

大多数人可能会说分散投资可以减少风险。把你的资金分散到多只股票上，这样的话，即使有几只股票下跌，也不会给你造成太大的损失。这种说法的确有一定的道理，但是正如长期投资和分散风险投资者所证明的那样，古谚也饱含真理："一旦房子遭袭，定会无人幸免。"换句话说，像2000—2002年那样的熊市最终会殃及所有领涨股。

在2000年初股市达到顶部后，思科股份——一直以来表现最好的股票之一，股价不断上涨，一直涨到9月份，之后开始下跌。这只股票众多的拥护者仍然不相信思科股份在2000年3月还是82美元/股，一年后每股成交价仅为13美元（甚至当利润和销售量都在以每季度高出55%的幅度继续增长的时候，股价仍在下跌），最终跌到了低达8美元/股的价位。

简言之，如果在经历了一个大熊市之后，你持有的20只或30只股票全部下跌50%的话，那么把资金分散到20只或30只股票上，也不是一个有效的投资方法。在2000—2002年间，一些最好的共同基金经理发现他们的有价证券下跌了50%~60%，有的甚至更多，可见，将资金广泛地分散投资到100只甚至更多的股票上，并不能避免实质性的损失。因此，分散投资不是真正意义上的固若金汤的保障。

1935年，具有传奇色彩的投资者杰拉尔德·勒伯出版了他的第一本著作，当时正值大萧条的中期，因此他掌握了关于这场全面性灾难的第一手资料。他总结得出广泛的分散投资是"无知的藩篱"，是一种自以为是的安全。我认为更合理的投资方式是只持有少数几只股票，了解它们的具体动向。凭着对它们的密切观察，当出现什么问题时，你就会尽快做出反应，扭转局面，而不会将时间浪费在认清形势上面。

交易点拨

分散投资不能真正地降低风险

分散投资不能减少风险，因为一旦熊市来临，最终会殃及所有领涨股。广泛的分散投资是“无知的藩篱”，是一种自以为是的安全。更合理的投资方式是只持有少数几只股票，了解它们的具体动向。凭着对它们的密切观察，当出现什么问题时，你就会尽快做出反应，扭转局面，而不会将时间浪费在认清形势上面。

我们应该认为所有股票都是“坏”股票，除非它们通过上涨来证明自己。如果它们下跌了，而你是独立做出决策的投资者，一切就取决于你了（如果你雇用了一个经纪人，就由你们共同决策）。在造成损失之前，你必须采取最快的应对措施。在快速反应这一点上，你们都不占优势。因为你对自己持有的股票倾尽了所有——不仅仅投入了你的资金，还付出了你的自尊、自我和感情。你不希望失去它们，在你放弃它们之前，你会找出种种借口来说服自己。“我买的股票没有任何问题，”你会说，“是整个股市有了麻烦。”或者：“我持有的股票的这家公司经营状况良好，是整个经济不太景气，这个时期会过去的。”或者：“这只股票很久以前下跌过，后来反弹回来了，没有理由认为它不会再度反弹。”或者：“他们刚刚报告了可观的收益，一切都在正常轨道上运转。”最后，你又会说：“我是一个长期投资者，不能轻易抛出股票。股市总是会复苏的，目前它已经下跌了这么多，不会再跌得更低了。”或者：“还好，我仍然可以拿到我的 2% 的股息。”即使这只股票本身已经下跌了 60%。

这种文过饰非的做法都可以理解，因为这就是人类的天性。但是如果想在股市里获得成功，你就要彻底克服这一点。你必须克制自己的感情，并让冷静、客观的现实和规则控制你的决策。还是那个道理，股市根本不在乎你是谁，也不在乎你的感受、恐惧和希望。

“当你应该感到恐惧的时候，你却充满希望，”另一个著名的投资者杰西·利弗莫尔说，“当你应该充满希望的时候，你却感到恐惧。”换言之，当你持有的股票价格有所上涨，你应该希望它上涨得更多，而不是害怕它会停止上涨，并在它本来还有机会进一步上涨时就卖出。当你持有的股票下跌，让你损失了一些资金，你应该害怕它会跌得更厉害，而不是幻想它会反弹以弥补你之前的损失。

你听到的许多意见让你更加难以下定决心卖出股票，这些意见不仅与你的股票有关，还与整个股市和经济形势有关。你将听到专家——可能是你第一次买入这只股票时咨询过的同一个专家，坚称它仍然是一家规模庞大的好公司，尽管目前股价跌了 8%，但现在买入甚至比之前买入更佳。同样，这只是他们个人的观点。在股票市场，个人观点根本不值得相信。你唯一需要重视的观点就是市场本身的观点。它想如何发展，就会有怎样的动向。因为它的走向完全基于供给与需求的关系，它不会把你带到某个一去不复返的地方，这一点你要确信。

对你的经纪人来说，他必须有勇气推荐投资决策。如果他无法做出推荐，你就得了解他的来历了。他也许向他的其他 50 位客户推荐了当初推荐给你的同一只股票。你可以想象当他告知每一个客户当初的推荐是错误的，并需要尽快改正时，他将要面对的是什么。所以说，这真不是一个令人羡慕的工作。他必须处理好各种各样的心理障碍，这也是所有以自我为中心的个人投资者必须克服的。

但是大多数人都做不到这一点。这也是为什么你和你的经纪人从开始就必须明白的一点——总会有一些时候（甚至是相当频繁的），你不得不卖掉你们当初都同意买进的股票，这才是投资所要面对的全部。

对所有的投资者来说，这是相当难的一课，许多人可能永远无法学会。这就是很多投资者的业绩无法超越平庸的原因。然而，如果你使用了刚才我们介绍给你的更实际的投资系统，你持有任何一只股票的风险都不会超过 7% 或 8%。

买卖原则 3

在最佳时机买进最好的股票

通过前面对最佳损益比的讲解，你可能已经基本了解了如何利用该原则在股市里自保，接下来，我再传授给你 12 条更具体的投资规则。

你必须知道的 12 条投资规则

这些规则有助于你挑选出最优等的股票，而这些股票成为真正赢家的概率是非常大的。这 12 条规则还能减少你在牛市（股市处于明显上升趋势）中做出糊涂投资的概率，并将你的损失降到最低。

这些规则总结了近 50 年来每年最成功的领涨股的共同特点，你要知道，这些领涨股的上涨幅度都曾高达 100%~1 000%！它们就是活生生的明证，是客观的应验，而并非主观臆想，比如我个人的观点或感觉、华尔街分析家的建议等这些不完全可靠的专家经验。

这些领涨股还不算是佼佼者，还有表现更为出色的股票，比如思科系统（见图 3-1）。自 1990 年它首次面向公众发行股票以来，到 2000 年初股价达到顶部，这期间上涨幅度高达 75 000%，为购买思科系统股票的投资者带来了巨大的收益。以投资者在发行之初买进了 100 股计算，当时投入的 3 000 美元后来变成了 220 万美元甚至更多。另外一个例子是美国在线，从 1998 年 10 月到 1999 年 4 月间，在这短短的 6 个月内，它的股价上涨了 485%（见图 3-2）。此外，还有高通公司，它的股价从 1998 年末至 1999 年末上涨了 2 567%（见图 3-3）。

从以上几个例子可以看出，我们总结的这 12 条规则都是基于股市的实际运转情况，而并非出于大多数人的臆想和猜测。以下是这些规则的具体阐述。

1. 最近一个季度的每股收益与去年同期相比，增长至少 25%，并且增长幅度越大越好。

在影响股价的所有因素之中，盈利能力是最重要的。而每股收益就是衡量盈利能力的一个标准，由公司税后利润除以对外发行的股票数量计算可得。

2. 最近一个季度的每股收益增长速度要高于上一季度的增长速度，增长幅度开始加速，即每股收益增长百分比要超过前期。

例如，一家公司的每股收益连续几个季度都增长了 25%，之后突然开始加速增长，幅度达到 40%。在一些情况下，这种增长会持续两三个季度甚至更久。这种加速通常不一定发生在最近，可能 6~8 个季度前就已经开始了。但是，不管在什么时候出现加速增长，只要这家公司的收益增长百分比有明显的提高，就说明它具备好股票的潜力。在茫茫股市中，一直稳定上升且突然显著进步的公司就是你众里追寻的那一个。

3. 近 3 年以来，每年的每股收益增长应该在 25% 以上。

如果发行该股票的公司刚刚进行 IPO 融资，3 年来的每股收益还没有开始正面的增长，但是在最近 5~6 个季度里，它的收益和销售量呈现大幅增长，你也可以认可这只股票是值得投资的。

另外有一种省时省力的方法来评估一个公司最近 3 年的收益增长，以及它在最近几个季度的每股收益增长百分比。那就是对照《投资者商业日报》的每股收益评级，我们开设的这个栏目正好评估了这两方面的因素。(在《投资者商业日报》的股票列表里，评级达到 95 级及以上的股票一般来说前景更好)

4. 最近一个或多个季度以来，销售量增长了 25% 以上，或者至少最近 3 个季度的销售量增长百分比都在加速。

销售量增长幅度可能会从 –5% 上升至 10%，继而上涨到 30%。要确定公司的发展是可支撑式的发展，最重要的是兼具强劲、加速的销售量增长和日益增加的收益，二者缺一不可。

图 3-1　1990—2003 年思科系统月线图

注：思科系统的股价在 1990—2000 年上涨了 75 000%。

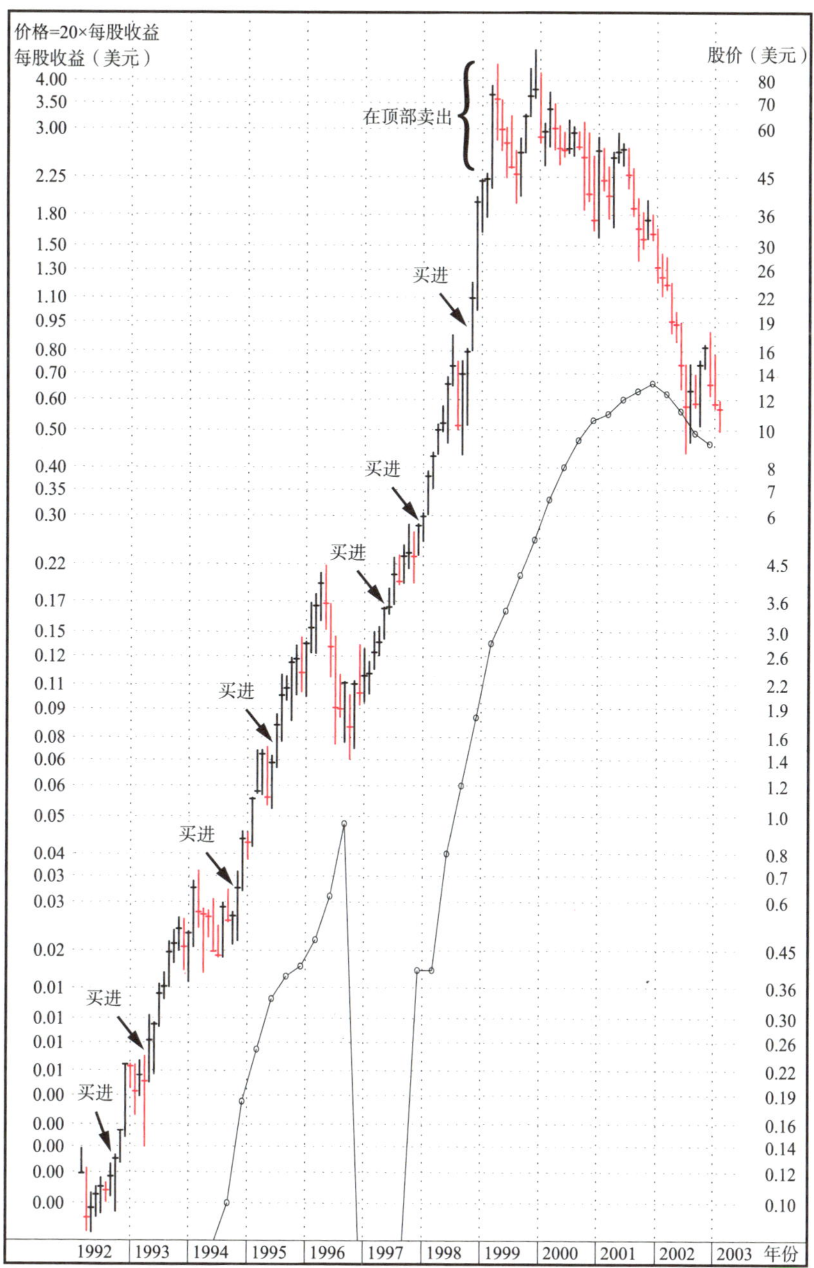

图 3–2　1992—2003 年美国在线月线图

注：美国在线在一路上涨的过程中有很多买入点。

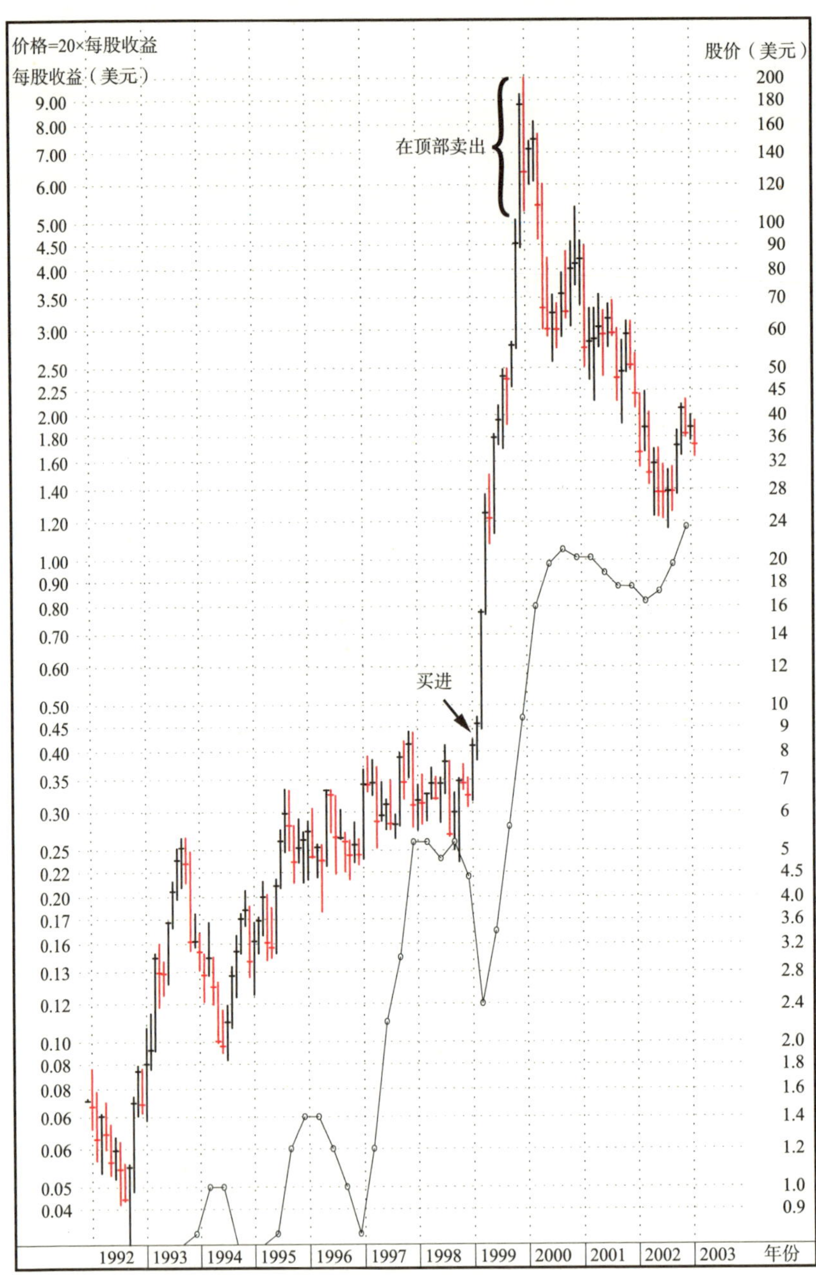

图 3–3 1992—2003 年高通月线图

注：高通的股价在短短的一年里上涨了 2 567%。

5. 在这个公司所在的行业里，公司最近一个季度的税后利润率应该名列前茅，或者至少接近行业新高。

零售业是一个利润率较低的行业。即使如此，你仍然要对你购买股票的这家零售商获得行业里最好的利润率抱有希望。

当沃尔玛和家得宝取得巨大成功的时候，它们的税前利润率分别达到 3.6% 和 3.8%。而在零售业以外的其他行业，历史上表现最好的股票年均税前利润率达到了 18% 甚至更高，可见在所有行业里，零售业的利润率水平整体较低（见图 3-4）。

6. 净资产收益率应该达到 15%~17% 或者更高。

净资产收益率是衡量公司资金效率的一个指标。在过去的股市周期里，大多杰出的领涨股的净资产收益率都能达到 15%~17% 或者更高。

根据领涨股的表现，你可以推断出，股票的资产回报率越高，表明这只股票就越好。比如，资产回报率为 25% 的公司好于 17% 的公司，35% 或者 40% 的公司又要好于 25% 的公司，以此类推。

7. 高科技公司的每股现金流应该比正常收益更重要。

一家公司的现金流弥补了公司贬值的那一部分，同时也反映了公司内部现金流的再生能力。一般的成长型企业（尤其是高科技公司）应该显示出 20% 的现金流或比实际年均每股收益更大的现金流。

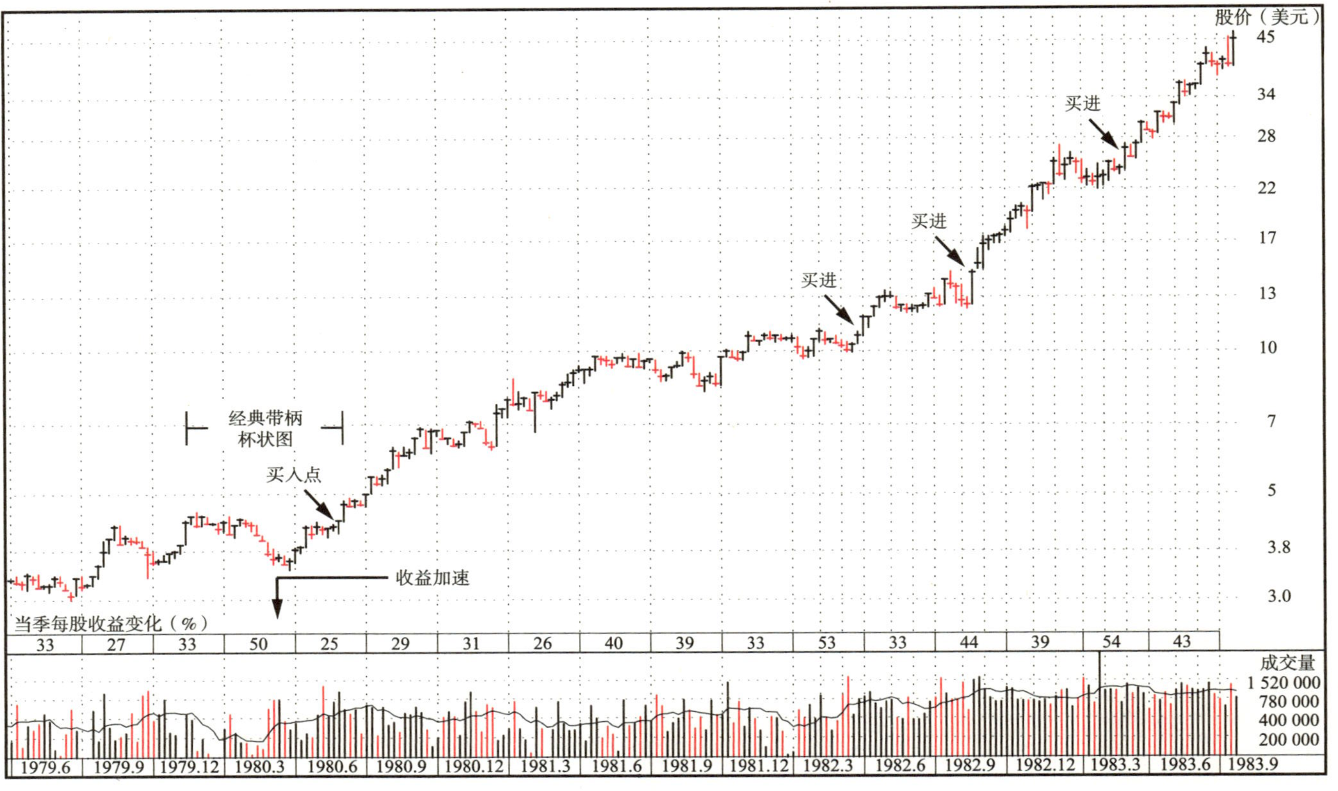

图 3–4　1979 年 6 月至 1983 年 9 月沃尔玛周线图

注：在 3 年内股价上涨超过 1 000% 之前，沃尔玛就呈现出收益加速的势头。

你从哪里去找这类透明又可信的信息呢？很简单，我们在投资者网站（investors.com）提供了大量可以为你所用的股票图表。此外，在使用日线图投资搜索引擎的过程中还能够发现许多额外的信息，比如净资产收益率——这是大多数会计师最常用的一项基本指标。在一些报告中可能找不到净资产收益率的具体数据，但是，如果你动动脑筋，做一些换算，肯定就可以轻易找到了。净资产收益率是非常重要的，因为它是评估公司盈利能力和成长性的另一个指标（见表 3-1）。

表 3-1 成长型企业的净资产收益率数据

股票名称	此时的净资产收益率（%）	开始上涨的时间（年）	上涨到最高峰时的增幅（%）
Pic'N Save	28.7	1976	2 950
家得宝	27.8	1982	958
普赖斯公司	55.4	1982	1 086
丽兹加邦	42.4	1984	715
The Limited	42.3	1985	451
This Can't Be Yogurt	41.2	1985	2 073
默克	19.8	1985	870
微软	40.5	1986	340
思科系统	36.3	1990	74 445
国际游戏科技公司	22.9	1991	1 691
诺基亚	30.9	1998	862
QLogic	18.8	1998	3 345
美国在线	36.3	1998	481
嘉信理财	29.4	1998	434

8. 在一般的牛市里，好公司的每股收益等级和相对强度等级在大多数情况下都应该达到 90 或者更高。

将一个公司最近 3 年的利润增长率和上季度收益以一定的公式加以计算，可以得出每股收益等级。它为评估公司短期和长期的盈利能力提供了一个简单的指标。《投资者商业日报》的每股收益等级分为 1~99，等级越高，盈利能力越强，最高等级 99 是最好的。

如果一个公司的每股收益等级被评为 95，这就意味着将它近 3 年与上季度的收益增长通过加权平均算法计算后得出的数据，比所有发行普通股的上市公司中的 95% 表现得都要好。如果公司的其他关键指标非常出色，你可能会接受每股收益等级低至 80 的股票。然而，正如我们讨论的其他指标那样，每股收益等级也是越高越好。在牛市中，每股收益等级为 95~99 的股票往往比那些等级为 85 的股票表现得要好得多。1990 年 11 月，在思科系统的股价开始以 75 000% 的幅度暴涨之前，在《投资者商业日报》的股票列表中，它的每股收益等级是 99，相对价格强度等级是 97。

评估股票在过去 12 个月内股价表现的指标是相对强度等级，等级为 90 意味着在该时期内公司的股票表现优于其他所有股票的 90%。你买入的股票应该兼具较高的每股收益等级和较高的相对强度等级，而不是只有其中之一。像 2000—2002 年那样不寻常暴跌的熊市之后，是又一个新牛市的早期阶段，在这种情况下，6 个月的相对强度指标可能有同样的价值，至少它提供了关于相对股价走向的第二种观点。

《投资者商业日报》的“每周评论”栏目包含图表和股票筛选，上面列出了每股收益等级和相对强度等级为 85 或更高的股票。在很多年里，这个列表中的股票表现一直超出大多数著名的股票指数。

每个星期一的《投资者商业日报》B 版会列出每股收益等级和相对强度等级最高的 100 家公司，并附上对这些公司的描述或者最新的公司动态，这个图表可以看作评价公司投资前景的一个依据，你可以通过它做进一步的研究。

9. 在《投资者商业日报》追踪的 197 个行业中，这只股票所属的行业应该排前 10 或前 20 位。

在《投资者商业日报》追踪的 197 个行业中，如果你持有的股票所在的行业位列前 20，那么它就是令人满意的。虽然在每个牛市里，只有 5~10 个行业会起主导作用，但是一些相关的行业可能表现也不错，所谓水涨船高就是这个道理。历史上表现最好的股票中有 60% 是随着所在行业的繁荣而实现股价的飙升的。比如，如果房地产行业空前景气，那么所有的房地产行业的股票都会上涨，而一些相关的服务行业或产品提供商，如从事抵押贷款的金融行业、割草机生产商或者洗衣机生产商也都将上涨。你需要努力找出每个领涨行业里最有实力的那些公司。如果你持有的股票所在的行业并非领涨行业，那么其中至少要有一两只股票有较高的每股收益和相对较高的评级。历史上表现最好的股票中 60% 是随着行业的增长而增长的（见表 3-2）。

表 3-2　197 个工业集团从第 1 级（表现最出色的）到第 20 级（表现最差的）排序

集团等级排名	工业集团（1998年12月31日）
1	计算机软件——互联网
2	电子半导体制造
3	计算机——存储设备
4	零售/批发——计算机/芯片
5	计算机——本地网络
6	电子——各种元件
7	电子——半导体设备
8	计算机——微型计算机
9	零售——邮购和直销
10	计算机——大型主机
11	计算机软件——企业
12	计算机软件——台式机
13	食品——肉类产品
14	TV媒体——有线电视
15	医药——生物医学/基因
16	零售——消费类电子产品
17	医药——药品
18	媒体——书籍
19	计算机软件——安全软件
20	医药——批发药品/所有药品
集团等级排名	**工业集团（2003年3月28日）**
1	电子通信——光纤光学
2	互联网——互联网服务提供商
3	电子半导体制造
4	互联网——电子商务

续表

集团等级排名	工业集团（2003年3月28日）
5	电子通信——无线设备
6	TV媒体——有线/卫星电视
7	互联网——内容提供商
8	计算机——数据库
9	计算机——软件企业
10	计算机——桌面
11	医药——基因药物
12	计算机——医药软件
13	运输——服务
14	计算机——网络
15	银行——东南
16	机械——材料处理/自动化
17	医药——药品
18	银行——东北
19	电子通信业——无线服务
20	银行——外国银行

注：威廉·欧奈尔公司收集的 197 个工业集团是由威廉·欧奈尔有限公司拥有，经许可在《投资者商业日报》使用的注册商标。

10. 好的股票应该有机构投资者的参与和追捧，比如共同基金、银行和保险公司这类大型机构，其中共同基金的数量应该连续几个季度呈逐季增加的态势。

你还应该看到，至少有几家表现最好的共同基金开始涉入这只股票，或者曾购买过这只股票的共同基金最近一两个季度在当前的基础上又进行了重要的补仓。

11. 如果一家公司对自己的股票回购5%~10%或者更多，这通常是一个利好消息。

如果一只股票具备CAN SLIM的所有正面特征，并且这家公司正在回购股票，那么很有可能是由于管理层期待公司未来的收益得到增长。而那些没有回购股票的公司，认为它们的管理层持有的股份目前处于一个合理的水平。所谓的合理因公司而异，在此很难归纳出管理层持有多少百分比的股票才算合理。对那些规模庞大、运转良好并向外发行了大量股票的公司而言，管理层持有2%可能就足够了。然而，在一些发行股票数量非常有限的年轻的公司里，管理层持有的比例大约在5%~30%范围内。

12. 有一点非常重要，就是对于你买进的任何一只股票，你都要真正地去了解这家公司的基本情况。

这家公司生产什么或者经营什么？它的产品或服务使用情况如何？它有什么独一无二的优势？谁是它的消费者？简言之，一定要真正了解你持有股票的这家公司。关于这家公司的情况你了解得越多，你就越信任它，同时，你做出合理决策的可能性也越大。而当股票在正常范围内震荡调整时，你就会更加有信心地持有它。当然，这并不是说当股票的表现未如预期所料时，你还应该盲目地持有它。记得要经常关注股市传达的关于你持有的股票的信息。

你应该尽可能地挑选出在行业里或特殊领域里排名第一的公司，这是一个需要贯穿始终的观点。请注意，我所说的第一，并不是公司的知名度或品牌认知度第一，而是指以当前的关键指标来评估公司时，它的综合得分名列第一，这些关键指标包括公司股票的每股收益增长率、净资产收益率、利润率、销售量增长和相对价格表现等。曾经，每个人都称道西尔斯·罗巴克公司的鼎鼎大名。但是，在今天看来，如果以当时的关键指标对它进行衡量，它的基本面数据能证明它是零售业的龙头老大吗？股市新秀正在不断涌现，你应该努力寻找当前真正的领涨股。

通过常规的选股系统，一旦你挑选出了那些表现最好的公司，并对每个公司的关键变量进行详细的比较分析，你就可以推断出什么时候买进它们是绝对理想的时机。换句话说，就是在哪一点上，股票进入股价快速增长的最佳时机并促使它们成为潜在的大赢家。当然，我并不是说最好的买入时机就是股价跌至低点的时候，而是指如果你想把握股票获得重大成功的最大概率，这一时刻是不可错失的。

股票图表

到目前为止，我们总结出了一个最简单有效的方法帮助你找到理想的买入时机，那就是对股票图表和你手头的基础数据同时进行分析。图表能够帮助你监控几百种股票，从而掌握它们的动向和走势。需要注意的是，书中作为范例展示的图表都是经过拆股除权处理的，因此我们并不是建议你买入低价位的股票。很多开盘价显示为 5 美元或 10 美元的股票，拆股前的价格可能是 30~50 美元 / 股。

平时，我主要使用每日和每周价格、成交量图表，月线图和当日 5 分钟或 10 分钟即时线图也是我常常查阅的图表类型。但是，在众多图表中，我更偏爱周线图，因为它提供了一个实际走势的全景，从周线图中更容易找到可靠的图形和有用的信息。我也经常查阅日线图，这样我就不会错过关键的价格或成交量出现时所释放的买入信号。这种信号只在重要节点上的一天或两天内出现，因此在周线图上是观察不到的。此外，查阅横跨多个年份的月线图也对你很有帮助。一只股票可能会出现10年的大底部、历史价格高位和短期的特有模式，这些都能增加它的投资潜力。

许多新的投资想法都是在浏览大量的图表的过程中灵光乍现的。《投资者商业日报》庞大的数据库和其他一些数据库筛选、归纳出了这些图表最典型的基本特征，以下是5种基本图表。

带柄杯状图

这是我们根据图形样式或它的底部形状起的绰号，因为从侧面看上去，它的轮廓就像一个带柄的杯子。过去50年来，表现最好的股票频繁出现这种图形。

从一幅典型的带柄杯状图来看，首先，股价线先下行5~7周，形成杯子的左边，这个过程有时久一些，有时短暂一些。大多数杯形股票会在底部震荡调整几周的时间（但是也有一些股票的杯形底部区域很窄，说明它震荡调整的时间非常短），然后开始向右上方运动，直至超过杯状图的一半。当股价上升到距历史高点价格10%或15%的时候，图形就开始横向盘整，渐渐离开我们称为柄形的图形区域。在杯柄下面和杯子底部大概一两周的时间里，股票的成交量通常会缩减甚至萎缩至最低水平，意味着在这一段时间内没有相对强劲的卖方力量涉入这只股票，这种看似波澜不惊的平静状态其实是一个利好因素，说明股价有充分的上涨潜力。

交易点拨

什么叫中枢点或准确买入点

如果你处于一轮牛市行情，当柄状图形出现之后，就是买入股票的最佳时机，此时股价逐渐走出低谷，并开始积极上扬，同时积蓄力量准备突破柄状区域的早期股价高位，这一价位被称为中枢点或准确买入点。它通常低于整个杯状图绝对高点的 5%、10% 或 15%，通过准确买入点之后，股价将朝着新高昂扬进发。当最强劲的带柄杯状图连续多周处于上升趋势时，股价在成交量大幅增加之前会先行上涨至少 30%。

下面有几个基本图例，它们都是形成于 1998—2000 年牛市的带柄杯状图，图表上标注了买入点和随后的上涨行情。为了给你提供参照，我在后面列举了一些不完善的带柄杯状图。这些图和我们说的杯状图很像，但它们并不是实际意义上的杯状图，这些图都存在缺陷，而这些缺陷最终会让股价转为下跌行情（见图 3-5 至图 3-13）。

带柄杯状图并不是在 1998—2000 年才出现的特有形态，它们连续不断地出现于股市的每一个周期。

一个带柄杯状图的底部至少要历经 6~8 周的时间跨度，图形以第一周低于股票前期顶部的价格收盘。许多带柄杯状图甚至要经过 6 个月甚至一年才能完成，在形成的过程中，从股票的绝对顶部到绝对底部的调整幅度一般为 25%~40%。通常情况下，一只股票的调整幅度不会超过整个股市平均调整幅度的 2.5 倍。

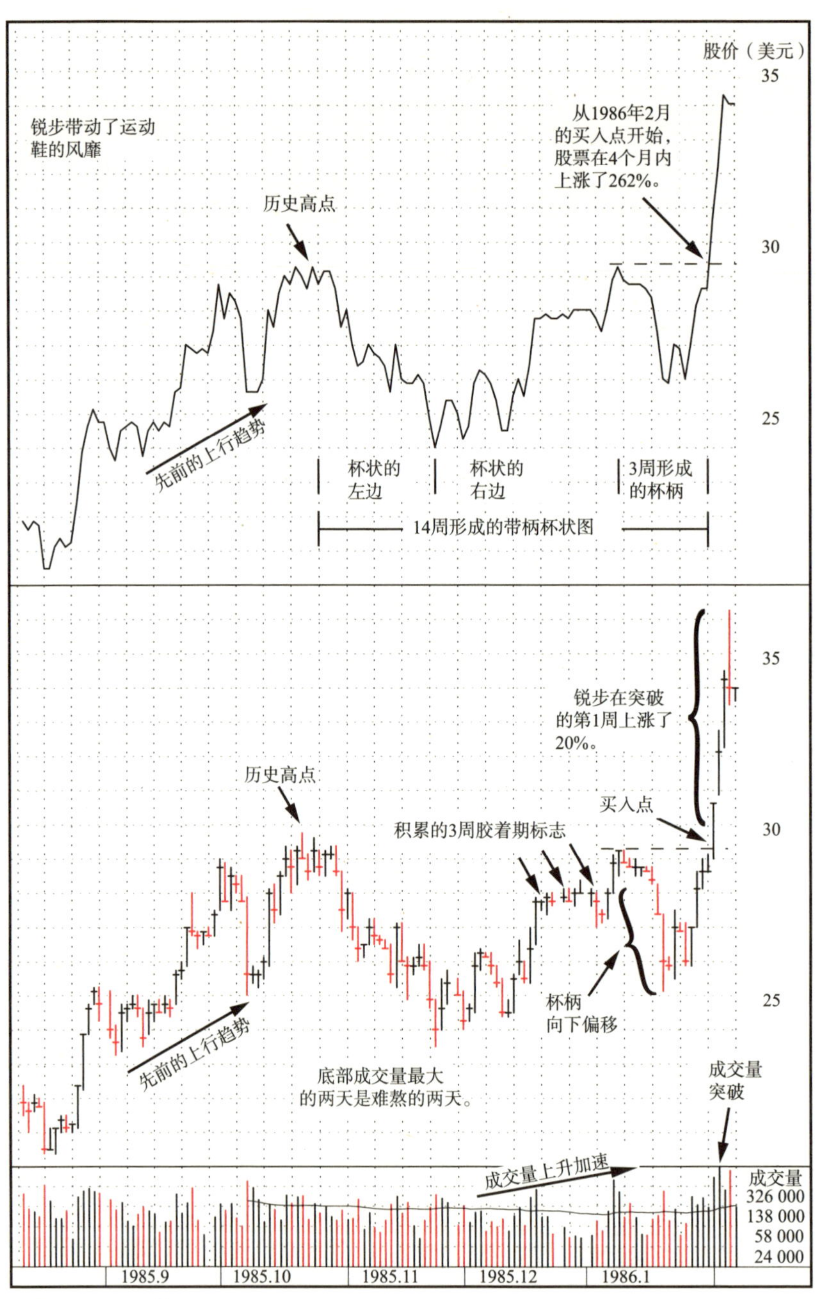

图 3-5　1985 年 9 月至 1986 年 1 月锐步 14 周带柄杯状日线图

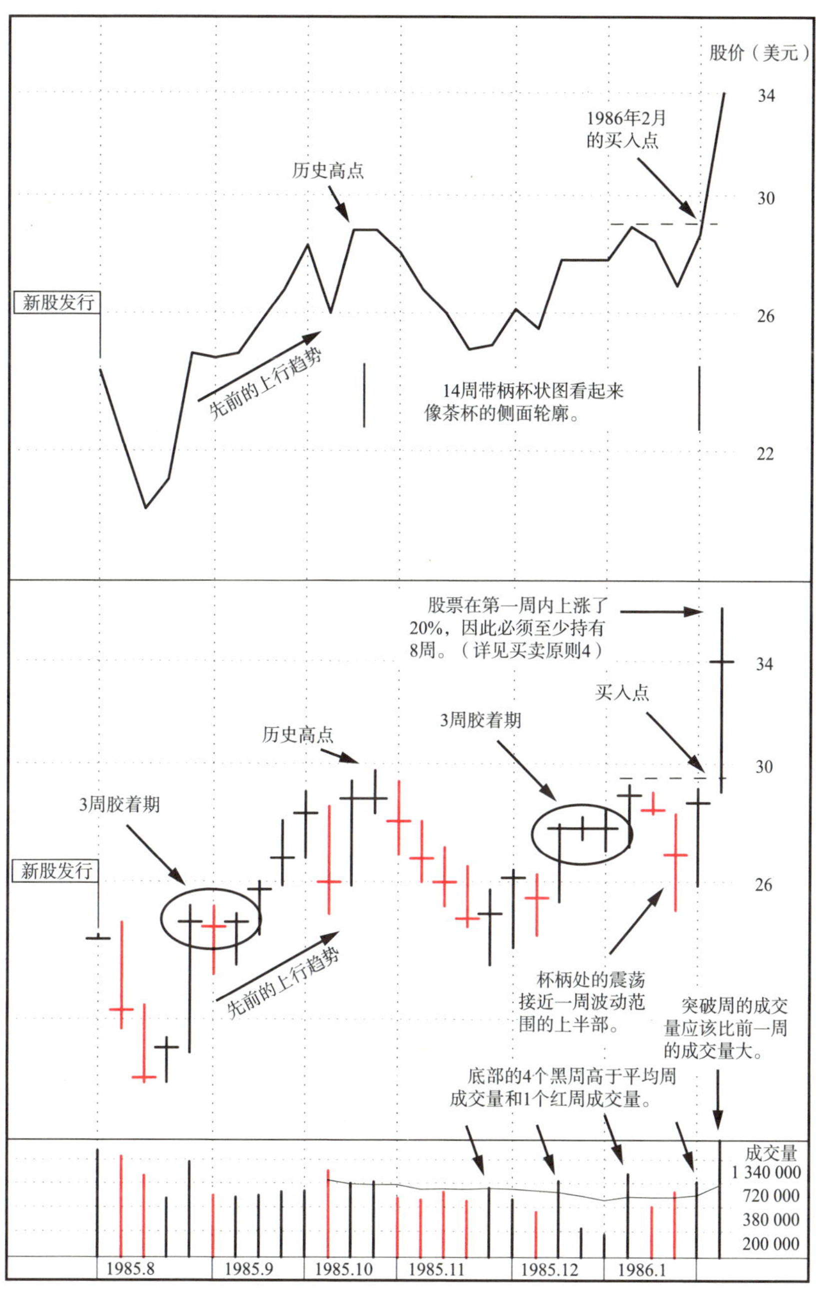

图 3-6　1985 年 8 月至 1986 年 1 月锐步带柄杯状周线图

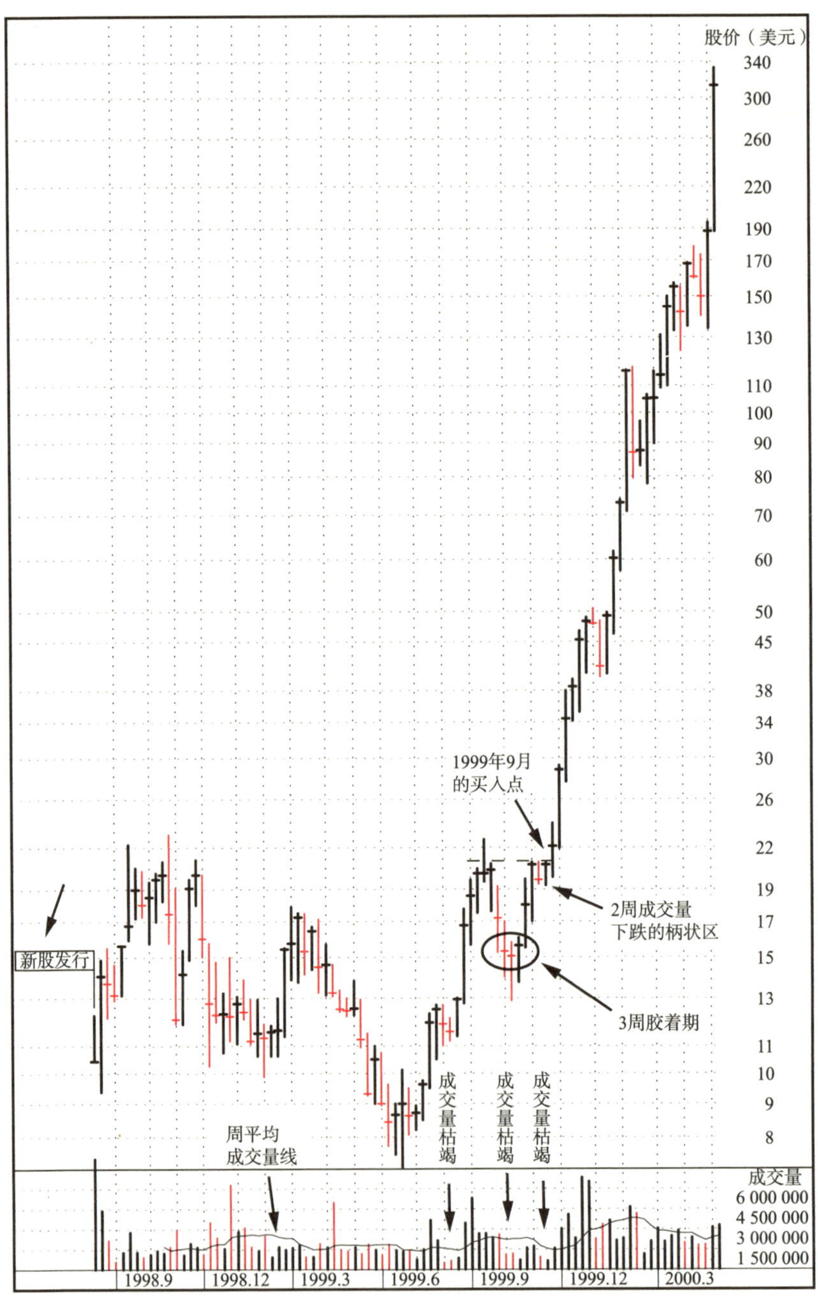

图 3–7　1998 年 9 月至 2000 年 3 月微战略公司 8 周带柄杯状周线图

注：微战略公司在短短 24 周内上涨了 1 414%。

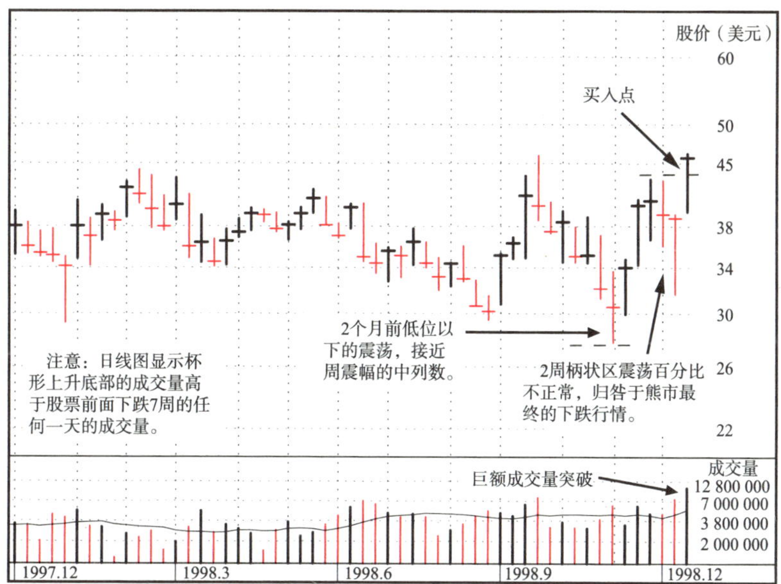

图 3–8　1997 年 12 月至 1998 年 12 月嘉信理财周线图

注：第一名的折扣经纪人嘉信理财从 12 周带柄杯状图开始，在 26 周内上涨了 428%。

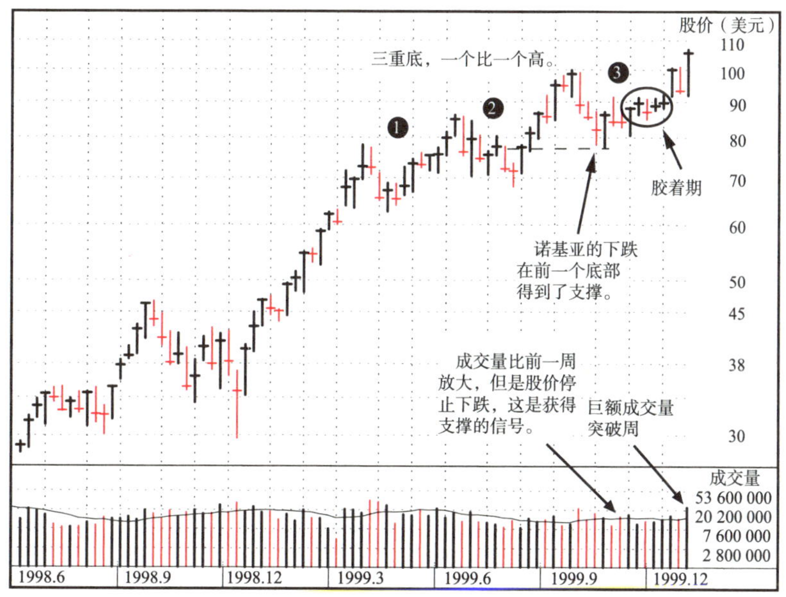

图 3–9　1998 年 6 月至 1999 年 12 月诺基亚周线图

注：手机的领导者诺基亚的 13 周带柄杯状图在 19 周内翻了一倍。

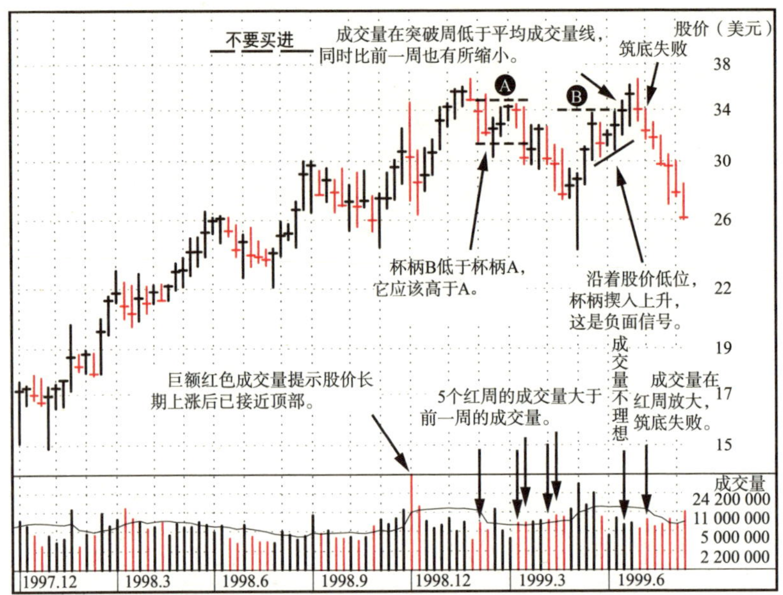

图 3–10　1997 年 12 月至 1999 年 6 月沛齐公司周线图

注：20 周底部的右边从底部直接上升，没有合适的杯柄。假带柄杯状图在低位楔入。

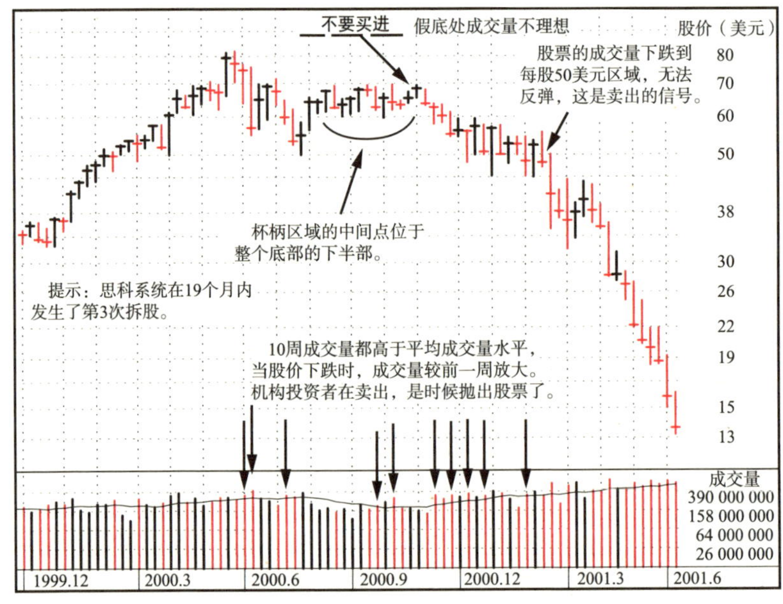

图 3–11　1999 年 12 月至 2001 年 6 月思科系统周线图

注：顶尖的网络公司思科系统第 3 阶段假 23 周带柄杯状图失败。

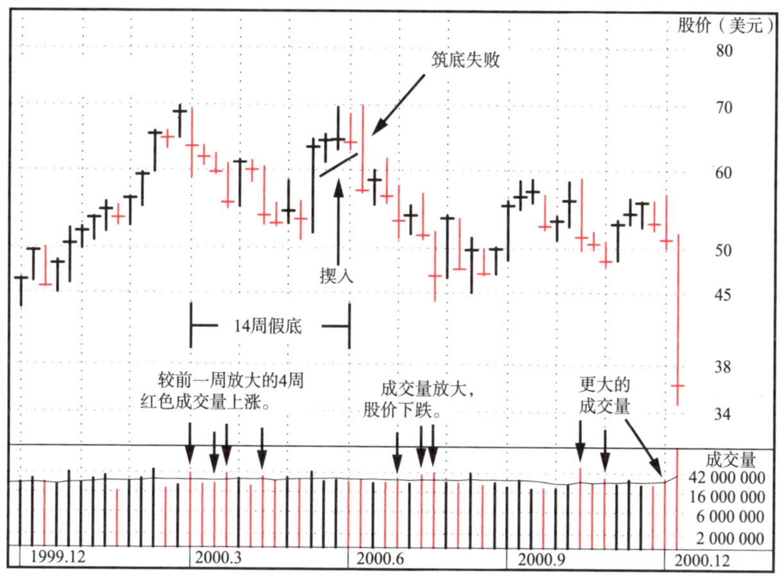

图 3–12　1999 年 12 月至 2000 年 12 月家得宝周线图

注：顶尖家居服务商家得宝 14 周假带柄楔入杯状图从低位直线上升。

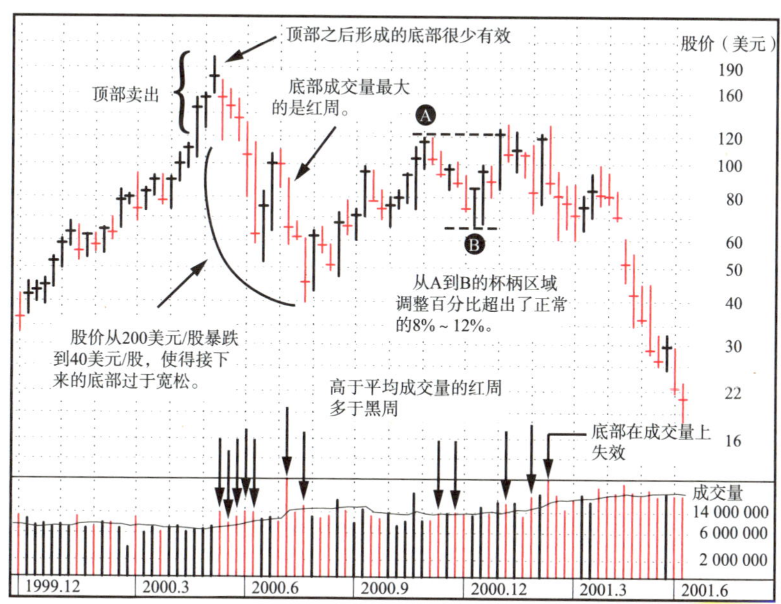

图 3–13　1999 年 12 月至 2001 年 6 月 QLogic 周线图

注：宽松的假 39 周带柄杯状图。

几乎所有的带柄杯状图都是由于大盘指数震荡调整或下跌形成的。从某种意义上来说，股市调整可以被视为是有利于未来健康发展的市场行为，这样可以使得领涨股在沉寂几个月之后再度焕发活力，促使大盘形成新的态势。但是股市调整并非百利而无一害的一剂良药，你必须对这些领涨股所处的阶段保持清醒的认识。比如，在股市调整期间买进零售股可能是个糟糕的选择。但是几周以后，当它完成了理想的形态，就会一跃成为领涨股。为了你的资金着想，你就得时时保持关注，当股价突升时，你必须及时捕捉这一变化。这种情况和其他的事情是同样的道理，要么寂寂无闻，要么一鸣惊人（见图 3-14 至图 3-22）。

现在，即使你整日忙于工作，无暇分身，也可以随时上网掌握你的投资情况。为了使你便捷地获得股市信息，我们推出了 eIBD™，它是纸质《投资者商业日报》的完整电子版。在股市闭市后几小时，世界各地的人们只要登录 investors.com 网站，都可以看到《投资者商业日报》的内容。订阅者还可以免费查看专业的每日或每周量价行为图表，以及《投资者商业日报》以前的关于公司的所有文章。为了透彻全面地了解一个公司的基本情况，在买入这家公司的股票之前，我通常会先阅读关于该公司的所有的文章，我发现做这样的功课对我相当有帮助。你可以充分利用掌上报价设备和个人电脑用品，无论白天、夜晚还是周末，它们都能帮助你有效地监控你的投资情况。

碟形图

它和带柄杯状图很相似，但是出现的概率较小。当出现震荡调整时，它所呈现出的底部比较浅，最短的时间跨度在 6 周或 8 周以上。

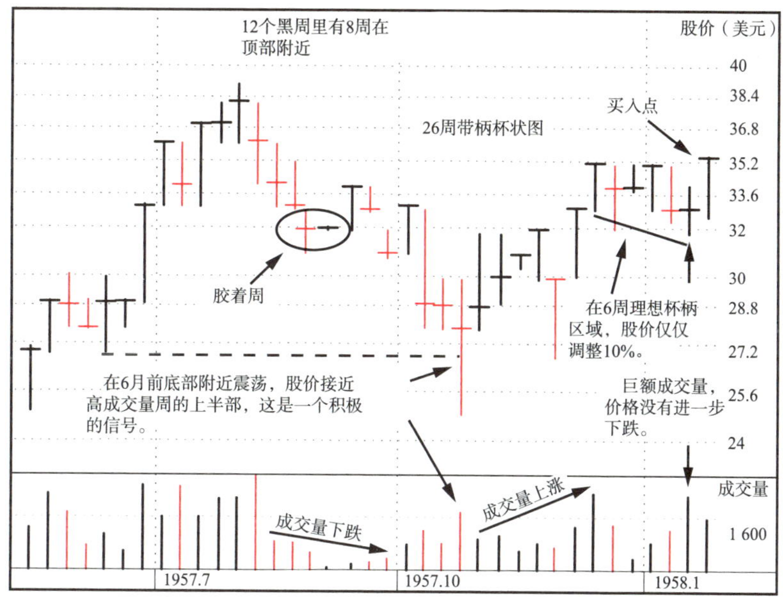

图 3–14　1957 年 7 月至 1958 年 1 月布伦瑞克周线图

注：布伦瑞克在这个 1958 年的带柄杯状图中上涨了 1 650%。

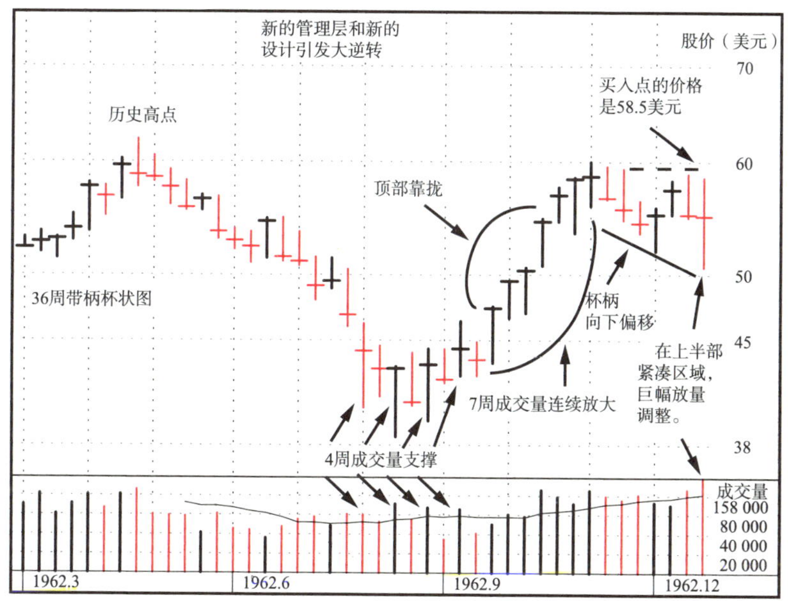

图 3–15　1962 年 3 月至 1962 年 12 月克莱斯勒周线图

注：克莱斯勒 1962 年的带柄杯状图，两年内上涨了 353%。

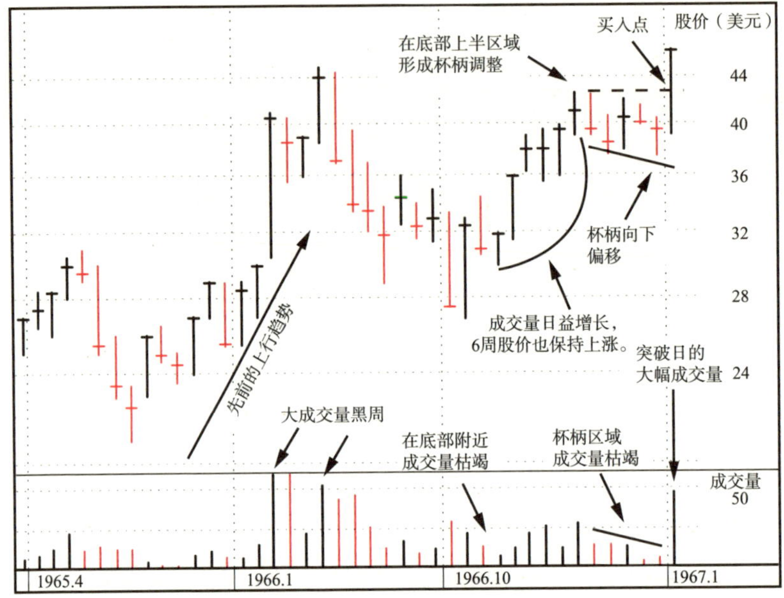

图 3-16　1965 年 4 月至 1967 年 1 月美国 Res.& Dev. 周线图

注：拥有数字设备的风险投资公司美国 Res. & Dev. 的 22 周带柄杯状图涨了 830%。

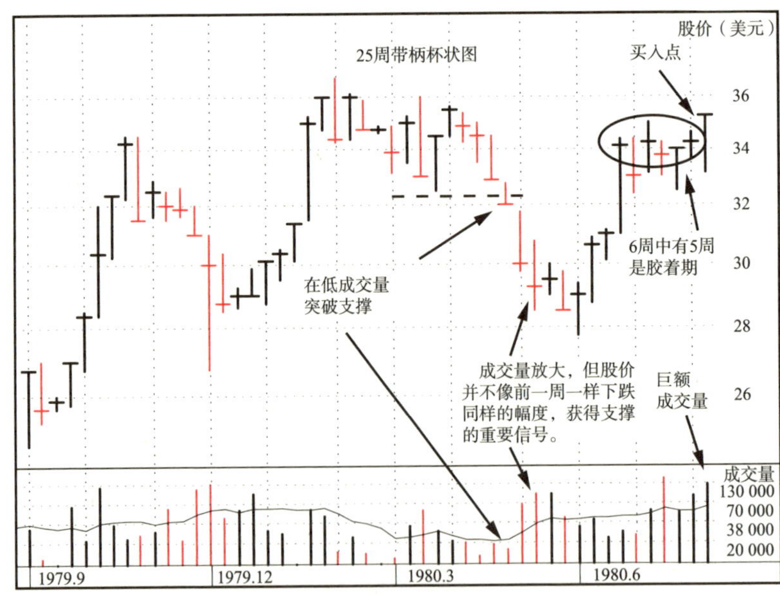

图 3-17　1979 年 9 月至 1980 年 6 月沃尔玛周线图

注：美国第一折扣连锁店沃尔玛的带柄杯状图在 36 个月内上涨了 957%。

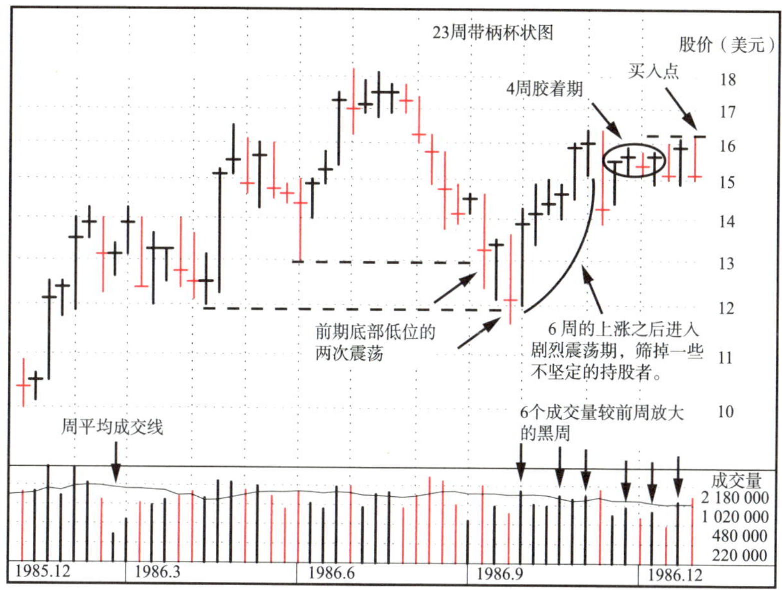

图 3–18　1985 年 12 月至 1986 年 12 月康柏电脑周线图

注：成长最快的个人计算机制造商康柏电脑 1986 年的带柄杯状图在 11 个月内上涨了 378%。

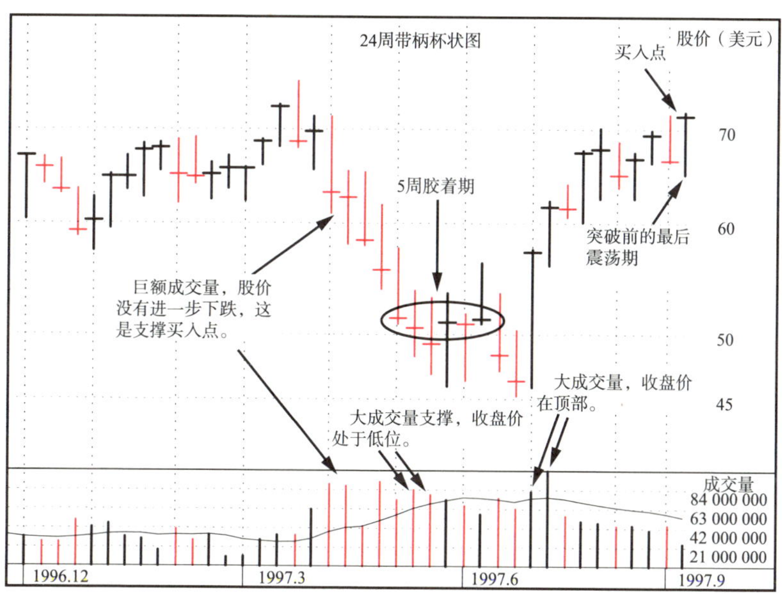

图 3–19　1996 年 12 月至 1997 年 9 月思科系统周线图

注：思科系统 1997 年的带柄杯状图导致 2000 年 3 月的股价上涨了 900%。

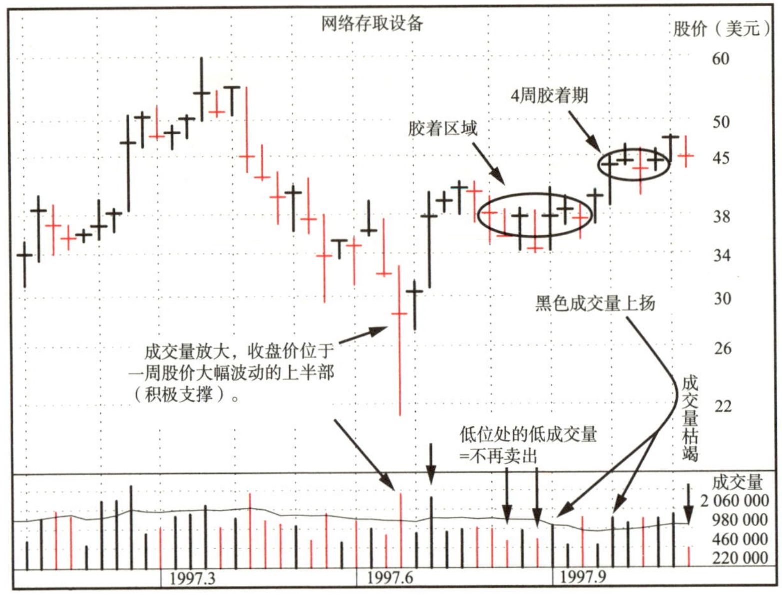

图 3-20 1997 年 3 月至 1997 年 9 月网络设备周线图

注：1997 年的带柄杯状图在 30 周内涨幅超过 3 700%。

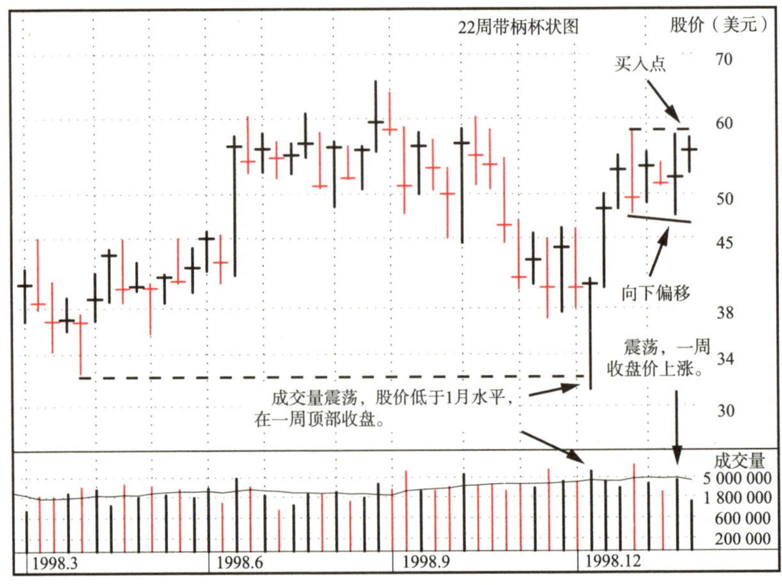

图 3-21 1998 年 3 月至 1998 年 12 月捷迪讯光电周线图

注：1998 年的带柄杯状图在 68 周内暴涨 2 016%。

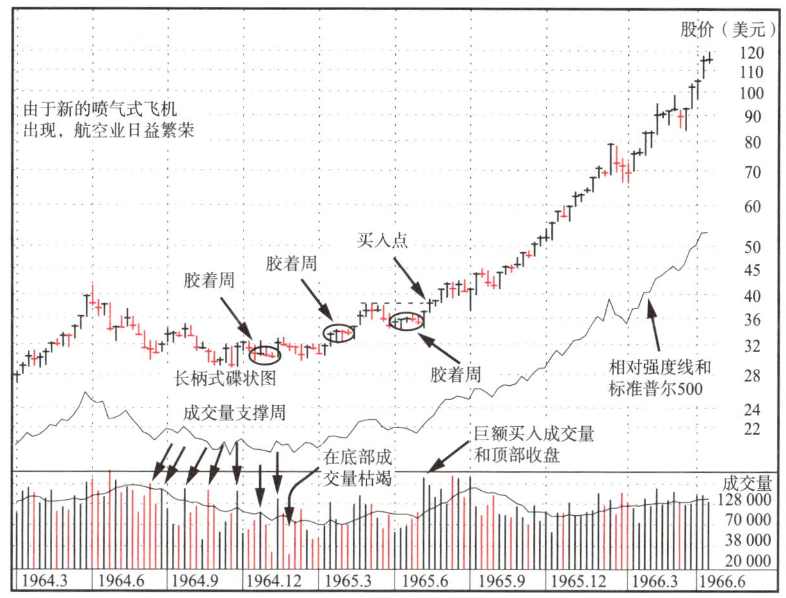

图 3–22 1964 年 3 月至 1966 年 6 月达美航空周线图

注：达美航空 1965 年带柄杯状图在 49 周内上涨了 211%。

大多数情况下，在碟形图上你也会看到一个杯柄。杯形图或碟形图上的杯柄都是有一定意义的，它的出现会透露很多信息。当一只股票开始放量调整，并从底部反弹上涨时，通常在股价回升再创新高之前，股票需要做最后一次价格回调。杯柄区域的股价回调一般不超过股价顶部与绝对底部价差的 8%~12%，但是在熊市底部，这一比例会达到 20%~30%。

这种回调让股票面临最后一次机会：(1) 在股市指数大幅下跌、卖出量急剧增加时将更多不坚定的持股者震荡出局；(2) 观察在整个图形中，托举股票离开底部的初始力量能否继续支撑股票的大幅上涨。

图表的底部图形由许多这种震荡调整和价格巩固共同作用而形成，这个过程会持续 12 周或 13 周，甚至 24~26 周，这并不是巧合。它符合公司发布收益报告的季度周期，同时也说明许多投资专家在进行基金投资之前，会耐心等待下一个季度收益报告的发布。

双重底图形

这种图形不像带柄杯状图那样经常出现。双重底图形看起来像英文字母 W,但是它的形态并不像字母的形状那么均等。在绝大多数情况下，双重底的第二个底部会下探到比第一个底部更低的位置，那些在股票第一轮探底中未出局却早已惊恐不已的投资者，和那些希望股价仅仅下跌到前一个底部位置的投资者都开始动摇，并纷纷争先恐后地抛售。当机构投资者看到股价在第二个底部下跌到更低的价位时，他们就会开始大量买进，因为此时股票已经跌到了令他们满意的心理价位。双重底的中心点或准确买入点，即为字母 W 的中间顶部明确地低于整个双重底形态的历史高点时。

当某只股票冲出双重底时，一般情况下，当日成交量会比日平均成交量高出 50% 或者更多。过去成功冲出双重底的股票显示，在冲过买入点的那些天，它们的成交量增长了 100%、200% 或 300%，甚至更多。如果股票在突破日的成交量上涨的幅度不到 25%，那么它失败的概率相当大。因为这说明在这个关键的时刻，机构投资的需求未被激发，如果周线图显示突破周的成交量低于之前一周，这将是关键时刻需求萎缩的另一个信号，预示着股票冲高的潜在失败。

正如我们上文所提到的，股票的最佳买入点通常在柄状区域的股价峰值处，一般比历史高点低 5%~15%，换句话说，你不必等到图形中的股价出现绝对新高时再买入（见图 3-23 至图 3-30）。

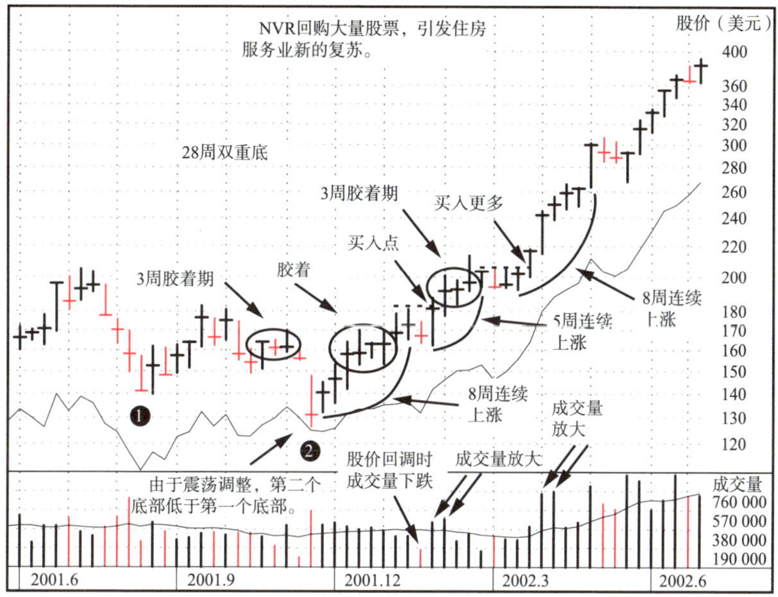

图 3–23　2001 年 6 月至 2002 年 6 月 NVR 周线图

注：NVR 的双重底在 23 周内上涨了 100%。

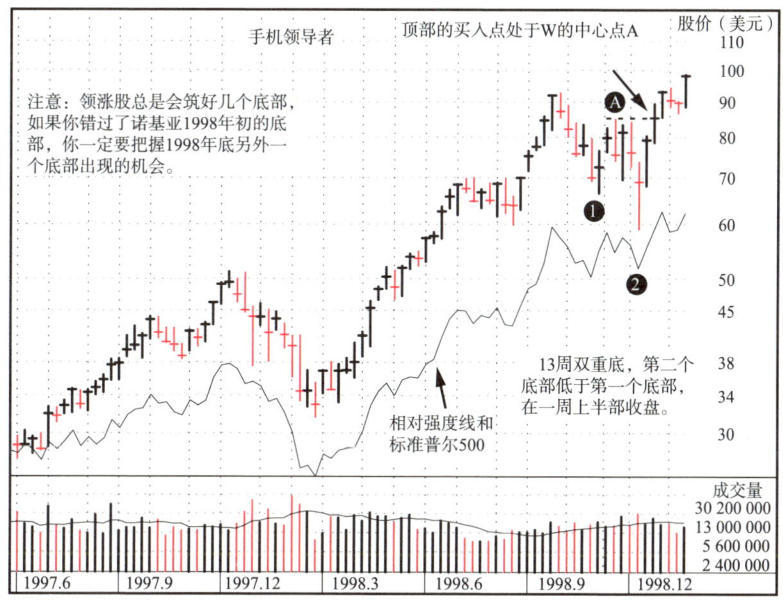

图 3–24　1997 年 6 月至 1998 年 12 月诺基亚周线图

注：诺基亚 1998 年双重底在 15 个月内上涨了 450%。

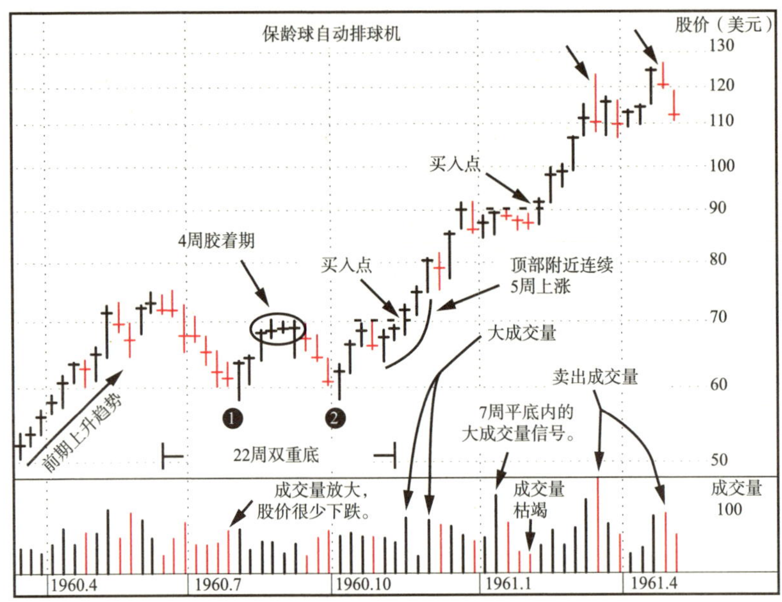

图 3-25　1960 年 4 月至 1961 年 4 月 AMF 公司周线图

注：7 周平底之后形成 AMF 的双重底。

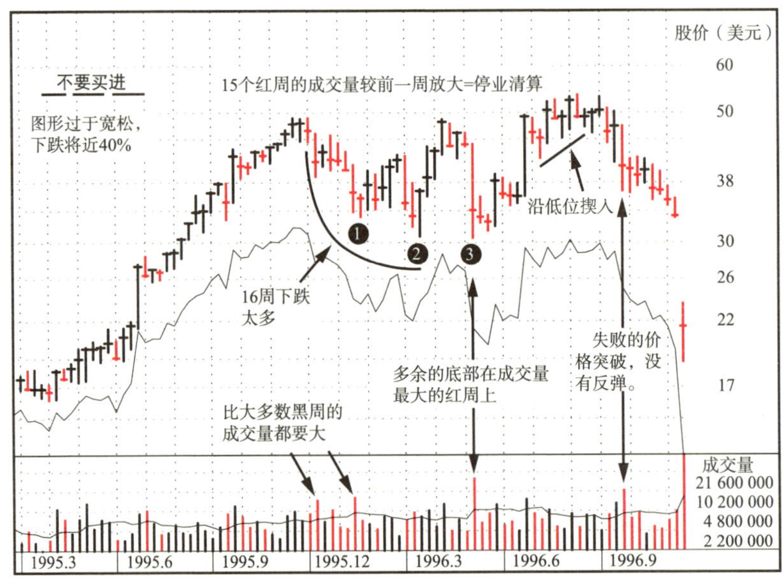

图 3-26　1995 年 3 月至 1996 年 9 月建利尔科技周线图

注：假双重底实际上是三重底。

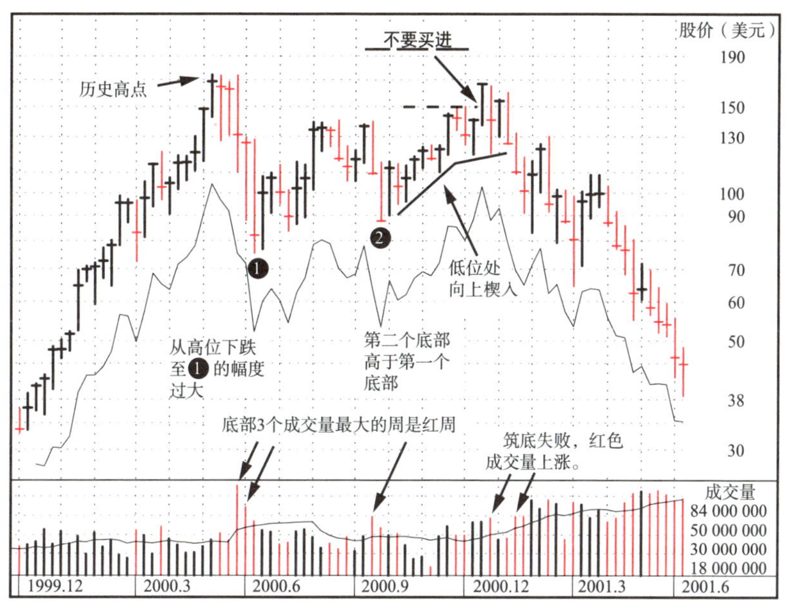

图 3–27　1999 年 12 月至 2001 年 6 月维尔软件周线图

注：另外一个宽松的假双重底失败。

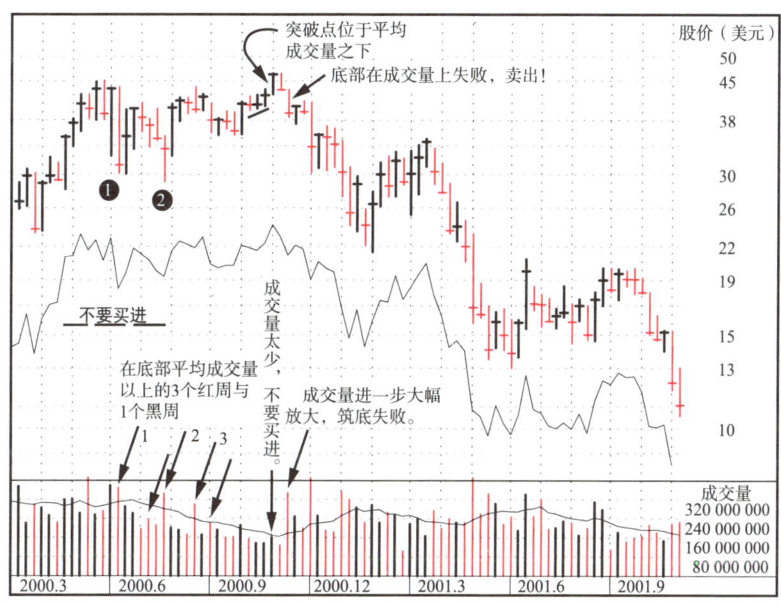

图 3–28　2000 年 3 月至 2001 年 9 月甲骨文周线图

注：有更多巨额成交量红周的假双重底。

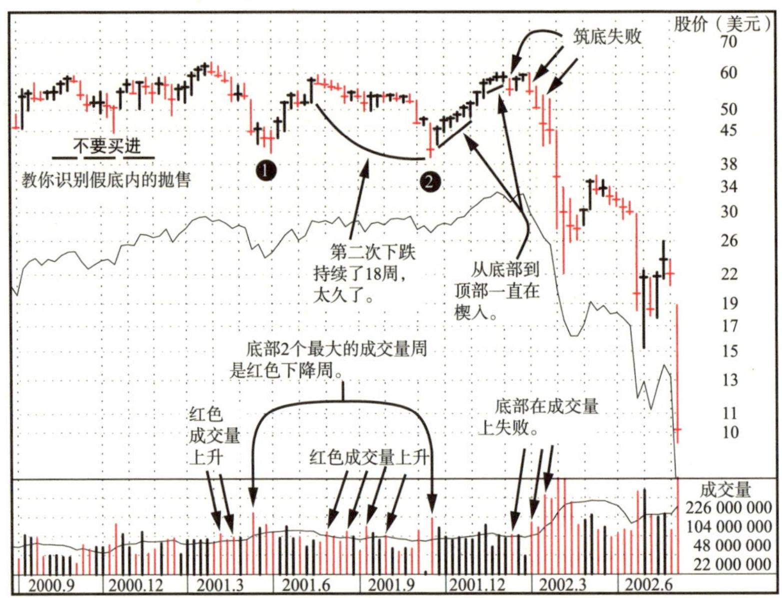

图 3–29　2000 年 9 月至 2002 年 6 月泰科周线图

注：泰科假双重底的两个最大成交量周是红周。

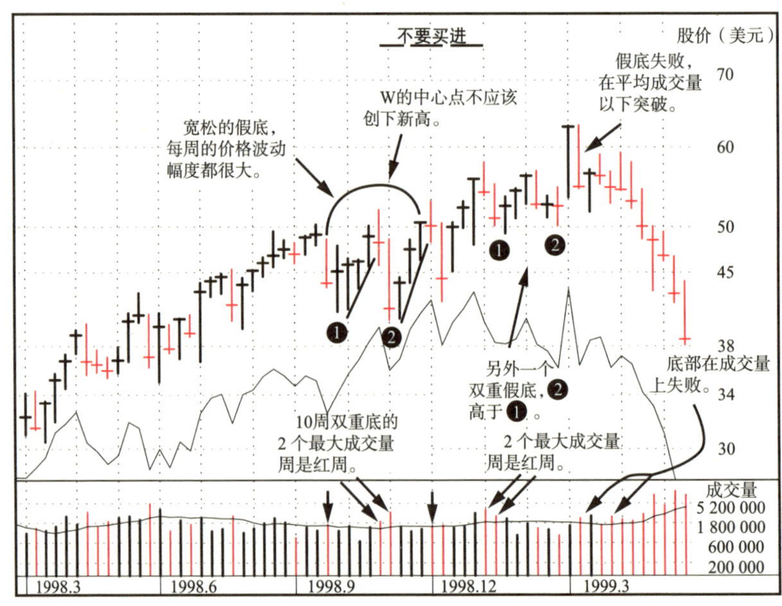

图 3–30　1998 年 3 月至 1999 年 3 月沃森制药周线图

注：两个假双重底，一个比一个高。

平底图形

这种图形通常以横向形态呈现，调整幅度较小（一般在 10%~15% 之间）。当股价上升一段时间，筑成比第一阶段底部高出 20%~25% 的第二阶段底部之后，就会形成平底图形。它的时间参数比较短，一般为 5 周或 6 周，而其他图形至少需要 7~8 周，或者更长时间才能完全形成（见图 3-31 和图 3-32）。

上升底图形

这是另外一种底部形态。股票突破先前的带柄杯状图或双重底图形态之后，在一路上涨的过程中，这种形态在股价上行至中途的时候很容易出现。上升底图形一般会持续 9~16 周，其间有 3 次价格回调，幅度为 10%~20%。股价每一次回调的低点都略高于前期的价格水平，每一次的回升又会创下小幅新高，给投资者带来小小的惊喜，如此多次迂回上升，就形成了我们称之为上升底图形的形态。

用周线图分析这类图表时，你要逐周查阅，同时认真记下每周的股票量价行为。在图形的初始阶段，第一周的收盘价要低于股票的一周高值，并正好通过中心点或典型的买入点。当你从图形中获取了足够的信息，并掌握了它们的运动规律之后，你便能学会区分正常与不正常的形态、积极与消极的形态。例如，当股票在杯子形态左边下行时，1 周或 2 周内的成交量放大，这就表明它处于正常形态。但是在很多情况下，当股价下跌的时候，你可能会看到成交量连续放大 5~6 周，这就意味着卖方力量超过了正常的水平，这一不正常的形态会大大降低股票从底部成功反弹的机会（见图 3-33 至图 3-36）。

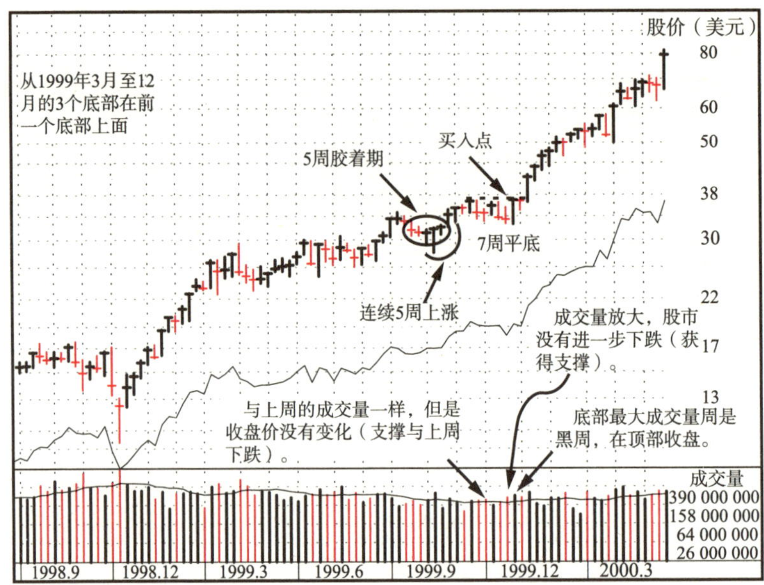

图 3–31　1998 年 9 月至 2000 年 3 月思科系统周线图

注：思科系统最后的底部好机会，一个平底位于另一个底部上方。

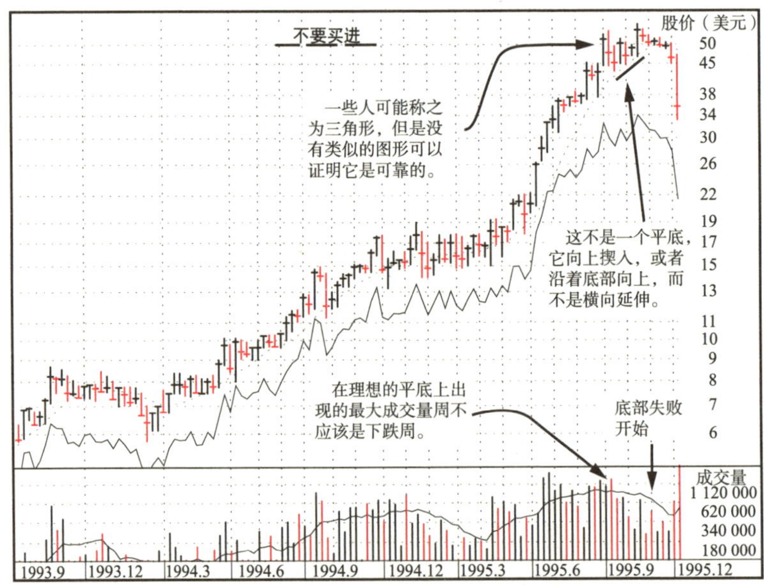

图 3–32　1993 年 9 月至 1995 年 12 月 Helix 科技周线图

注：成交量萎缩的假平底和揳入。

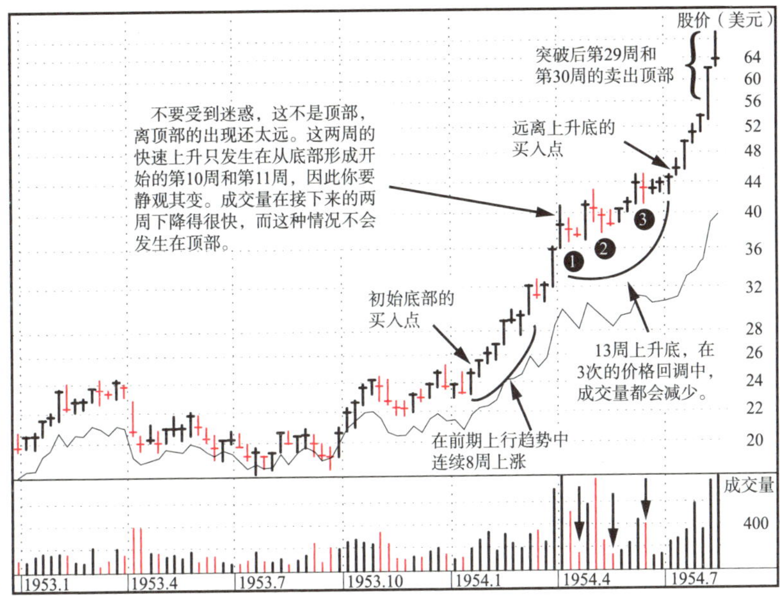

图 3–33　1953 年 1 月至 1954 年 7 月波音公司周线图

注：图中可见波音公司 1954 年的 3 周上升底。

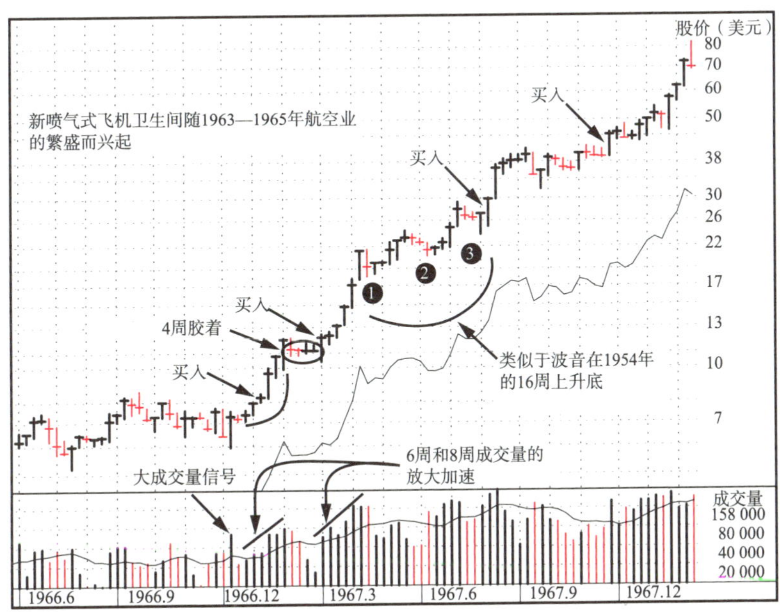

图 3–34　1966 年 6 月至 1967 年 12 月 Monogram 实业周线图

注：图中可见 Monogram 1967 年的 16 周上升底。

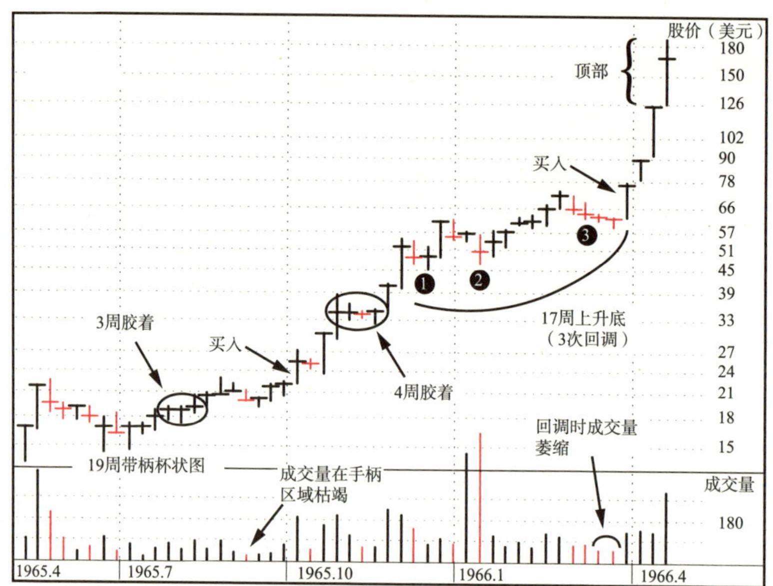

图 3–35　1965 年 4 月至 1966 年 4 月西蒙德公司周线图

注：航天计算机供应商西蒙德公司 1966 年 17 周上升底行情。

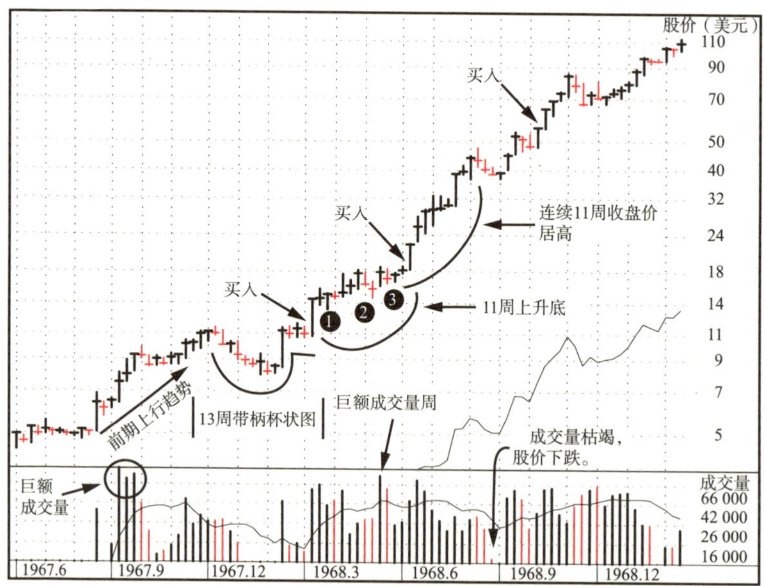

图 3–36　1967 年 6 月至 1968 年 12 月雷德曼实业周线图

注：1968 年初，所有移动房屋行业的股票广泛上涨，移动房屋（低成本住房）生产商雷德曼实业全面上涨 900% 显示了早期上升底行情。

为了让你更容易发现不正常的成交量，我们在图表的底部周成交量上画了一条线，以此来表示过去 3 个月的平均周成交量。这样你就可以计算出一只股票在价格下跌时，有多少周的成交量反而较前一周放大。即计算从底部的初始（下跌的第一周），一直到股价突破前的柄状区域完结点成交量放大的周数，然后与股价上涨时平均成交量放大的周数进行比较。

分析图表

大多数势头强劲、发展健康的股票都不会遭受过于频繁的抛售或专业投资机构的卖出。这些股票价格上涨时成交量高于平均成交量的周数，应该多于价格下跌时成交量高于平均成交量的周数。一只表现出色的股票可能有 8 周的成交量都高于周平均成交量，只有 4 周的成交量低于周平均成交量。但是，如果你感兴趣的股票有 7 周的成交量低于周平均成交量，而只有 4 周的成交量高于周平均成交量，那么它就存在一定的缺陷，并且表现也不会尽如人意。

学会通过图表形态进行分析，你就具备了一项轻松超越普通的投资者、股票经纪人或学者的显著优势。而那些人从来不研究或学习如何看图，因为他们不相信或完全无视图表的重要性，而且根本不知道把握股票图表形态对发现成交量的累积或是否抛售某只股票有多大的助益。如我们前面所提到的比喻，你可以把他们比作从来不对病人进行血液化验或 X 光透视就直接看病的医生。

现在你的水平不仅仅停留在对图表形态的简单认知上。你学会了逐周分析图表，判断股票的调整是正常的、健康的还是不正常的、有缺陷的。这种研究工作你做得越多，你就越容易发现股票的缺陷，从而避免犯一些代价高昂的错误。只要坚持下去，这种能力就会在你未来的投资中体现出相当可观的价值。

在一个带柄杯状图中，你应该学会发现其中存在的缺陷，即柄状区域的股价渐趋高于它的低价，而不是依它的低价下行，这种情况我们称之为揳入。只有少数有揳入式柄状图形的股票能获得成功，大多数都会以失败告终。柄状区域的低部向下调整的目的是让持股者置身于最后一次下跌的恐慌之中，借以将不坚定的投资者震荡出局。同时，股票在开始从杯子底部强劲上涨至整个图形的上半部之后，还需要一次正常的调整和价格回调。

在第一周或第二周，有时候柄状区域会发生剧烈调整或者抖动，但是抖动通常在柄尾附近出现。

交易点拨

带柄杯状图中最佳买入时机

如果你正处于牛市，一旦在柄尾发生抖动，股价在通过中心点后不断上涨，同时成交量也日益放大，这将是买入这只股票的绝佳时机。

一些投资者用尺子画出一条向下倾斜的趋势线，其始末点连接整个图形开始的第一个最高值和柄状区域开始的最高值，然后进一步确定相对于突破中心点略有提前的上涨行情初始点。其他一些从事专业理财的经理们更有先见之明，他们会在成交量急剧萎缩时，在柄状区域价格回调的底部附近就提前一步买入股票。柄状区域的时间跨度可能很短，只有 1 周或者 2 周；也可能长一些，持续到 10 周左右。也有一些杯形图没有柄状区域。

此外，你要格外当心在整个图形的低部形成的柄状区域。为了判断你面前的图形是否为这种类型，先连接股票价格的绝对顶部和图形的绝对底部，然后将杯柄的中心点与它们的位置进行对比。如果杯柄的中心点处于整个价格结构的下半部，就表明它是一个容易失败的弱势图形。**如果股票无法从图形底部的绝对低点抬升很高，就说明它不具备真正冲高的力量**。随着投资生涯和在股市摸爬滚打的经验渐长，你会培养出分辨弱势股票和强势股票的能力。

柄状区域可能会因为太宽而失去预测未来价格走向的意义。在牛市中，柄状区域从最高值到最低值的正常震荡幅度不应该超过 10%~15%。但是如果市场刚刚走出熊市，大盘过度的最终跌幅和反复无常通常会引起柄状区域 20%~30% 的调整。在 1998 年 10 月，嘉信理财就发生了这样的情况，之后它的股票在短短的 26 周内上涨了 428%。

一个完整的底部结构也可能是宽松的，有 3 种方式可以判断底部是否过于宽松。

- 第一种方法：前面我们提到过，一只股票的调整幅度不应该超过大盘指数调整的 2.5 倍。
- 第二种方法：你也可以根据图形的绝对高值到绝对低值的价差评估调整幅度。如果调整幅度达到 60%，那就太宽了，就股票涨跌的幅度来说太大了。在牛市里，震荡调整的幅度在 25%~35% 的范围内是比较正常的。
- 第三种方法：观察在每周股价活动中，最高值与最低值之间的跨度。

例如，一只股票在从50点调整到30点的周期中，它在第一周下跌到42点（8点的跌幅），接着在第二周回升了7点，第三周又下跌9点。如果这样的剧烈波动在整个底部每周都持续进行着，股票就太活跃了，容易变得不稳定。过于活跃的股票总是引人注目的。一般来说，当股票处于调整期时，不应该引起过多关注。

事实上，在正常的图表中，应该有几周处于交易清淡的行情，在图形上仅显示一些小幅的、紧凑的活动。例如，一只股票可能从杯子的底部上行，从40点上涨到46点左右。接着在46点的区域附近横向移动，在45~46.5点之间持续3周，看起来每一周都没有本质上的变化。因为它的活动量不大，所以这只股票没有引起注意，但是它可能只是在佯装弱态、积累力量。你经常能在柄尾附近看到股票的成交量几乎枯竭，价格变动也十分微弱，然后，在没有人注意的时候，它会发起一种全新的态势，爆发突如其来的巨大成交量，带动股价一飞冲天。

在几只表现出色的新领涨股突破了适当的底部之后的2~4周内，这种情况也可能发生。基金仍在朝某个阶段积蓄力量，股价将会窄幅震荡，3周内的走势几乎呈直线状态，本质上没有什么改变。举几个以前的例子，如1965年11月的西蒙德公司，1966年12月的Monogram实业公司，1982年3月的家得宝（进行IPO融资后不久），1982年9月的Emulex，1990年3月的安进公司（Amgen），1995年11月的美光科技以及1999年10月的甲骨文。

交易点拨

什么是真正的绩优股

很容易吸引每一个投资者关注的股票往往表现平平。真正潜在的绩优股在大多数投资者的视线之外，它们行事低调、厚积薄发。谨记一点：股票市场的走向总是与大多数人或公众一致的想法背道而驰。

图表中显示的紧凑形态通常值得注意：它表明投资机构或者投资专家可能在几周的时间里，在一定的价格区域内不断购入大量的股票（见图 3-37 至图 3-42）。

图 3-37　1958 年 1 月至 1960 年 1 月齐奥科尔化学周线图

注：齐奥科尔化学在 1958 年突破后有 4 周胶着期。

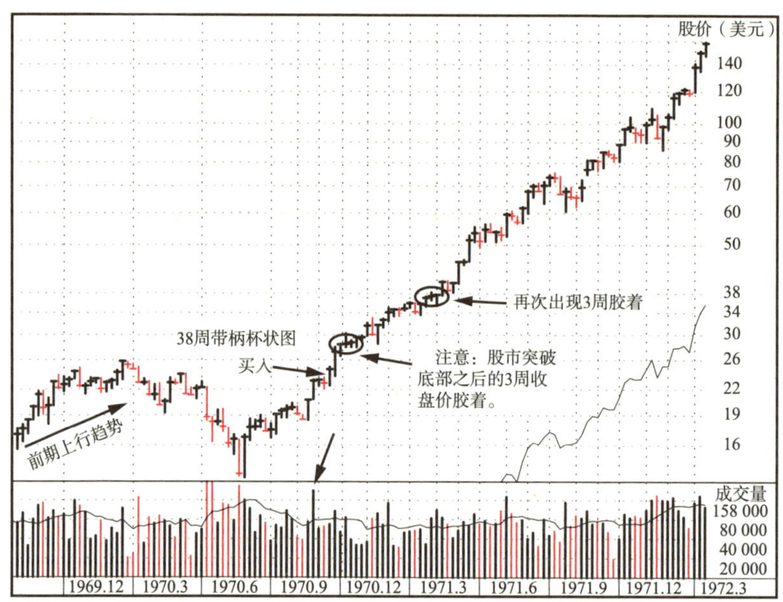

图 3–38　1969 年 12 月至 1972 年 3 月列维兹家具周线图

注：列维兹是 1970—1972 年顶尖的牛市领涨股，它创建了第一个家具仓储式连锁折扣商店。列维兹家具在 1970 年突破之后有 3 周的胶着期。

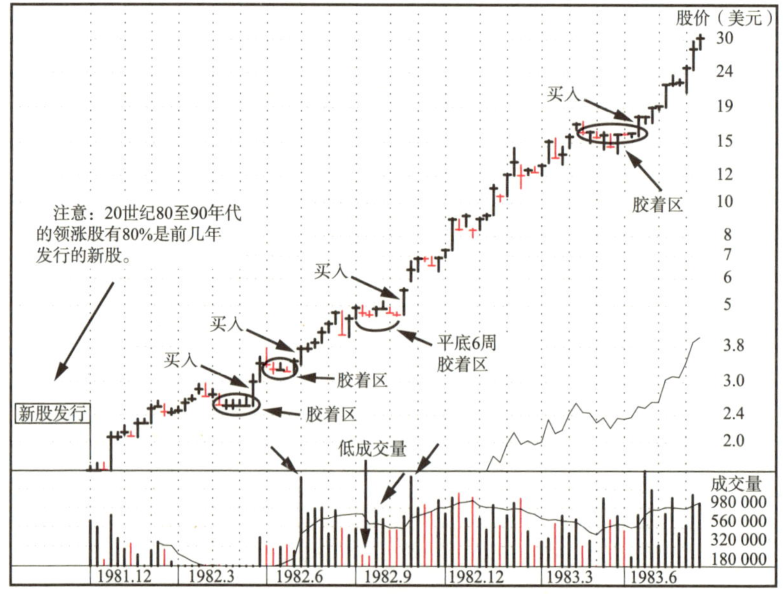

图 3–39　1981 年 12 月至 1983 年 6 月家得宝周线图

注：家得宝是 20 世纪 80 至 90 年代增长最快的股票。家得宝在进行 IPO 融资之后出现多个胶着区。

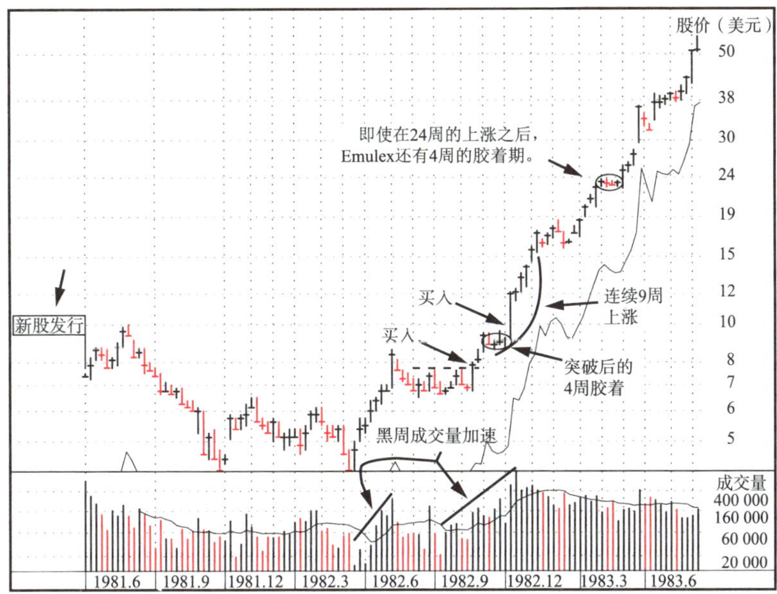

图 3-40 1981 年 6 月至 1983 年 6 月 Emulex 周线图

注：Emulex 在 1982 年突破后有 4 周胶着期。

图 3-41 1989 年 12 月至 1992 年 3 月安进公司周线图

注：生物制药的顶尖领导者安进公司在 1990 年底部突破后有 4 周胶着期。

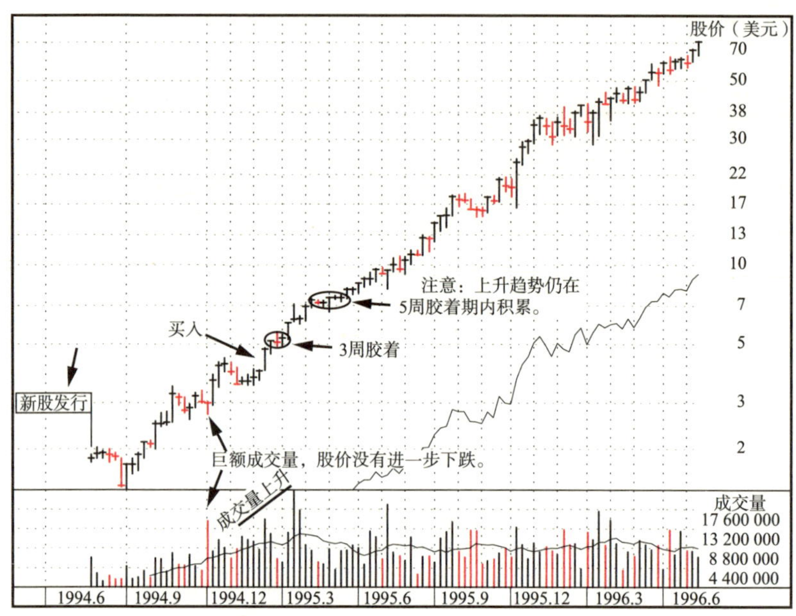

图 3–42　1994 年 6 月至 1996 年 6 月 Ascend 通信周线图

注：Ascend 通信在 1995 年股价大幅上涨之后出现 5 周胶着期。

双重底图在大多数情况下是不理想的，因为它也存在一些缺陷。例如，有的 W 图形的中间部分上升到了一个新高。而一个看上去非常理想的 W 图形的中间部分应该要低于之前的历史高点。

是什么原因致使一个图形以现在的面貌存在？为什么股票走势忽强忽弱？能否明白其中的道理并不重要。在许多情况下，你根本不需要知道原因。甚至当你认为自己明白的时候，它可能已经完全是另外一回事了。对你来说唯一重要的事就是，你要学会识别一个图形是强势还是弱势、是正常的还是不正常的。你可能永远都不会知道眼前的图形为什么会是这样的而不是那样的，而探究其中的原因也没有任何意义。

有时一只股票走弱仅仅是因为大盘需要下挫两三天以回应一些暂时

不利的消息。在这个时候，形成带柄杯状图的股票可能会在杯柄附近击穿最低价，引起剧烈的震荡。但是如果大盘在几天后止跌回升，而股票又有一些真正的支撑力量，它将会形成理想的向上突破图形，创出量价新高。

大多数投资者从来不研究图表。而在那些研究图表的人中，也有相当一部分认为图表就好像有某种魔力的占卜术。然而，大众对股市的看法通常与其本身是背道而驰的。很自然，一些表现出色的股票不容易被所有人发现，只有通过正确老练的图表分析才能洞察股市。这是一门技能，和其他所有的技能一样，需要不断地实践，并付出恒心和毅力。尽管学习的过程是艰辛的，但你所获得的这项技能将会非常有价值。事实上，如果投资者没有将图表与基本面分析结合起来，会对投资决策非常不利，他们很可能会因此而损失大量的财富。

大多数专业投资者——至少是那些顶尖的专业投资者，会仔细分析图表反映出来的供求形态和股票走势特征，然后以对公司基本情况的分析为基础来进行决策。大多数业绩出色的专业投资者通常会同时参照详尽的基本面分析和股市实际表现，而不是顾此失彼，只取其一。大多数情况下，只看基本面无法判断市场领涨股何时到达顶部，但是通过观察股票反常的量价行为可以帮助你做出判断。

买卖原则 4

及时出货，落袋为安

现在，你已经知道了如何判断大盘走势，如何运用 1∶3 的损益计划确保盈利、及时止损，以及如何在最佳时机挑选并买入最好的股票，你与一个成功投资者的水平已相差不远了。然而，股票账面上的盈利是一回事，真正把钱赚到手又是另外一回事。我深知这其中的不同。早在 40 多年前，也就是 1961 年的牛市阶段，我就学会了一套很少有人掌握的方法，并以此来分辨这两者的区别。

当时我持有 6 只股票，随着它们的不断上涨，我也获益颇丰。这 6 只股票包括克尔 - 麦吉石油公司（Kerr McGee Oil），它是一家由前任俄克拉何马州州长鲍勃 · 克尔（Bob Kerr）和石油商迪安 · 麦吉（Dean

McGee）共同成立的生产石油和铀的公司；气溶胶罐的开发者皇冠制罐公司（Crown Cork & Seal）；宾士域集团（Brunswick Corp.）和美国机械铸造公司，这两家公司生产的自动保龄球滚动装置引发了当时的保龄球热潮。我大量持有这些股票，因为每只股票的势头看起来都非常好，令人信心满满，于是，当它们上涨时我又增持了一些。然而好景不长，它们在到达顶部之后就开始一路暴跌，让我损失了之前获得的所有收益。

幸运的是，从这次惨痛的教训中，我汲取了教训，开始学会了在出现非常严重的损失之前，就卖出股票及时套现。但是在牛市结束，股票全部抛出以后，我对那一年不尽如人意的业绩感到心烦意乱，于是我静下心来总结自己到底是哪里做错了。我没有赚到钱，经验和财富都止步不前，我对自己在股市里的前途忧心忡忡。

通过艰苦的思索，我终于发现了一个残酷的事实：我根本不知道什么时候卖出股票。我买入那些股票仅仅是因为它们很出名，进一步增持是因为它们表现出色，买入之后我就坐等收利，傻乎乎地置之不理。我并没有真正理解到，大多数的领涨股会在某一时刻到达顶部，然后一路下跌，在你预感到会受到冲击之前，荡平你的大部分收益。

对自己所犯的错误进行了几周的详细研究和分析之后，我发现许多股票会冲出一个底部，上涨 20%~25%，然后做一段时间的调整。如果它们的表现仍然非常理想的话，接下来就会筑成另外一个底部，并再次上涨 25% 或 30%。总结出这一规律后，我根据损益原则制定了自己的投资规则，并获得了大量收益。当股票上涨 20% 或 25% 时，我就抛出兑现，即使它们仍在上涨，我也绝不左顾右盼；在下跌 7% 或 8% 时，我就抛出止损，而不是盲目地期待股票马上反弹回升。

卖出原则

当你经历了一次完整的股市周期——从新一轮牛市行情的开始到下一个熊市行情的最底部，你自然就会明白，真正的目标是尽可能多地锁定你已获得的收益。然而，大多数投资者损失了本来不必损失的大量收益，许多人甚至完全亏空。如果你将这一章节多读几遍的话，你便能够熟练地运用那些经过时间考验的卖出原则，这样在未来的牛市中你就不会损失掉已获得的大部分收益。你一定要真正学会这些原则，并且从过去所犯下的错误中汲取教训。

上涨时及时抛出

很多人想早点锁定自己的收益，我所知道的唯一方法就是当股票还在上涨，并且处于良好状况时卖出。正如我们在第 2 章里阐述的那样，如果你在股票上涨 20% 或 25% 时就抛出获利，在股票下跌 7% 或 8% 时就卖出止损，你就会做到在股市里从容信步。充分地利用这一投资系统，你迟早会连续获得两三次 25% 的收益，3 次 25% 的收益叠加起来，差不多就能让你所投入的资金翻一番（如果你全部用保证金的话就是 3 倍）。

请注意，我说的是在股价上涨 20%~25% 时就抛出获利，在大多数情况下这一原则都是适用的。但是有一个重要的情况例外，在特殊的日子我才会做特殊处理。假如我现在处于一个强劲的牛市，我刚买入的股票有着良好的流动性，而且 3 年内收益非常理想，销售量日益增长，净资产收益率也非常高。此外，它的保荐人信誉卓著，又在一个繁荣的行业内处于龙头地位。如果它冲出有效的合理底部之后，在短短的 1~3

周内成交量激增20%，我就可以暂时将它放在一边，从它突破买入点开始，我必须持有这只股票至少8周的时间。

我们对历史的研究显示，那些最初像火箭一样冲上云霄的股票相当有潜力成为最出色的龙头股。它们不仅能在这8周内避开麻烦，也有可能在股价上涨的这8周内涨幅超过20%或25%，有时会高达50%或60%，甚至是80%。

在那个时候，你需要统观整个局势，再决定你是否要继续持有手中的股票，让它为你创造更多的收益。然而，如果你打算进一步持有它，就需要一些额外的投资方法和原则为你提供指导。这些投资方法和原则都是基于过去杰出的领涨股真实的市场表现而总结出来的。比如，你可能会决定将某只股票再持有两个月，或者等它第一次15%~20%的调整，或者只要价格仍然处于高位，或者它得到强劲的支撑，或者只要价格稍低于10周移动平均价格线再抛出——大部分未来的价格波动都体现在移动平均价格线上，以上情况都是可行的，只要你能找到更佳的卖出时机。你可能基于市盈率的扩展设定了一个股价目标，以期到达初始底部的突破点，并顺利完成未来一两年内的收益预期。这极大地帮助了我静下心来长期持有那些最出色的领涨股，挖掘它们的潜力。这些领涨股还有一项优势，就是当它们处于涨势末端时还能帮助我及时脱身。就好像杰西·利弗莫尔所说的，**正是你的耐心等待，而不是你的苦苦思索，让你赚到了大钱。**

使用旧图表

如果你注意收集和保管先前股市周期里领涨股的旧图表资料，你就会发现过去的一些领涨股与目前你持有的股票表现是多么惊人地一致。因此只要它的股价调整仍然正常，在你持有这只股票的时候，你都可以把它们当作先例和向导。在 1998 年 10 月的最后一周，我买入了 60 美元 / 股的美国在线，就是一个循先例而成功操作的例子。这只股票突破了带柄杯状图后，在短短的 3 周内就上涨了 25%。道琼斯指数正见底回调，出现了一个抛售日，证明新一轮的牛市行情又开始了，美国在线的表现似乎表明它要在回升的大盘中成为领涨者。

早在 33 年前的 1965 年 7 月，我买入了仙童公司（Fairchild）这只股票。出于越南战争期间对电子设备的大量需求，这家公司从中得益，并迅速成长为半导体行业的领导者。当股市出现一个量价大增的抛售日之后，它正好突破无柄杯状图形态，于是我在每股 50 美元的时候买入了它。仙童公司在起初的 3 周内上涨了 25%，在前 5 周内上涨了 50%。在接下来的一周，它开始大幅放量下跌，制造了令人恐慌的震荡。在随后的 6 个月里，它的股价一路上涨了 3 倍，从每股 70 美元一路飙升到 215 美元（见图 4–1）。

美国在线的表现同样如此（见图 4–2）。它在短短的前 3 周内上涨了 25%，在前 5 周内上涨了 50%。但是在接下来的一周内，股价的跌幅和成交量放大到了令人恐慌的程度。因为我收集了仙童公司以前的图表作为先例，加上具备了一定的操作经验，我没有在美国在线放量下跌的行情中被震荡出局。参照过去的例子来看，这其实是正常的表现，因此我没有急于抛售。果然，美国在线迅速恢复了元气，而且在原先的股价上暴增 3 倍多。最后，当它在 1999 年 4 月初股价上涨了 450% 并到达最高值时，我卖出了它。你通常能从历史中吸取经验，因为人的本性永远不会改变，股市不是像大多数人想象的那样，它没有那么多新鲜事物更新换代。

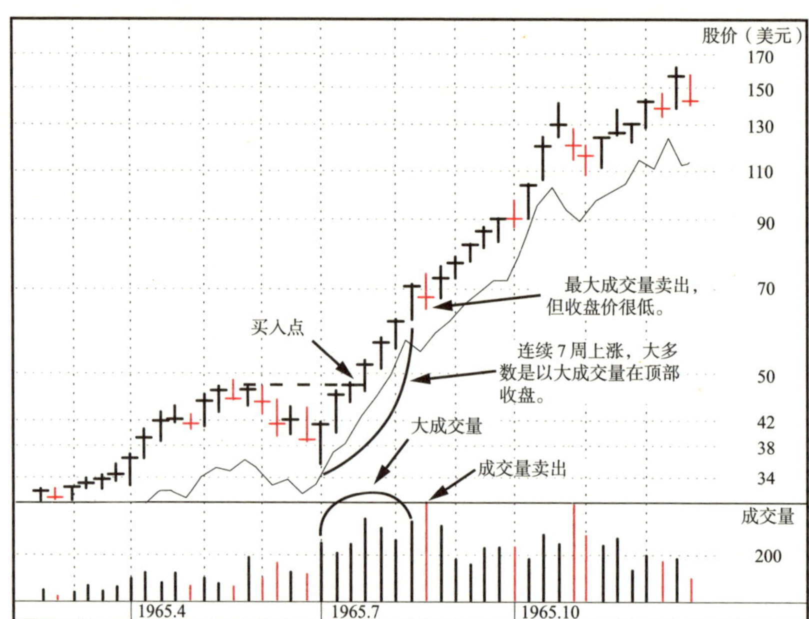

图 4–1　1965 年 4 月至 1965 年 10 月仙童相机周线图

注：仙童相机在 1965 年是股市的龙头领涨股，从 1965 年 7 月衰退中期突破后成为领导者。

美国在线能大幅上涨的最后一个支撑力量产生于 9 周上升底部，它与两个公司股票的早期上升底行情几乎完全相同。一个是 1954 年第二季度的航空航天业巨头波音航空集团，一个是 1968 年第一季度的移动房屋建筑商雷德曼实业。回想当时，大盘进入调整期，雷德曼实业也开始做中期调整（8%~10%），我做了一个错误的决定，匆忙抛出了这只股票。结果，在 1968 年的第一个季度，我眼睁睁地看着它上涨了 670%。这代价高昂的教训让我印象深刻。后来，美国在线在处于上升底形态的过程中有 3 次价格回调，我都毫不犹豫地一直持有它。对于我说的这些情况，你可以翻看前一章最后部分的雷德曼实业和波音公司的上升底形态，再对比美国在线的图表进行分析。

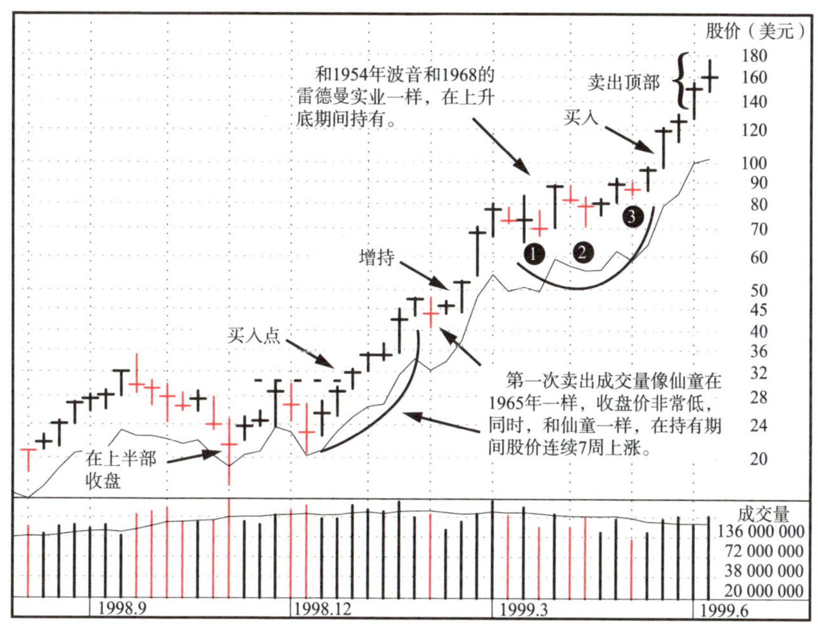

图 4–2　1998 年 9 月至 1999 年 6 月美国在线周线图

注：美国在线以 1965 年的仙童公司和 1954 年的波音为先例，当市场在 1998 年开始的新一轮的上升行情时，成为股市领导者。

美国在线图表的顶部十分典型，就像教科书上的案例一样，它与我在《笑傲股市》一书的第一版和第二版里详细描述的顶部十分相似。在整个走势图中，离开上升底之后的短短 5 周内，美国在线的股价就翻了一番。此外，在距离顶部两天的时候存在一个衰竭缺口，这使得它接下来到顶部的最后一天又剧增 16 点。

我买入和持有美国在线的股票是严格根据原则进行操作的，同样，根据原则我在它仍然上升时卖出，一切操作都不以我的个人看法为依据。当我在最初买入点买入美国在线时，它的市盈率为 158。在这只股票到达顶部的时候，它的市盈率达到了 532。很早以前，我通过分析历史上表现最好的股票了解到，一只股票的市盈率不能只看其市场表现，还要看真正影响股票表现的原因所带来的最终结果——一只股票的杰出盈利能力和机构投资者的青睐。大多数媒体记者、分析家、价值投资者错过了真正优秀的公司，因为他们不明白用买雪佛兰汽车的价格是买不到梅赛德斯－奔驰汽车的。有时候股票就像一个专业运动员，更高、更快、更强才能拿到冠军奖杯。同样的道理，最好的股票往往价格较高。

在掌握“股价上涨 20% 或 25% 时就卖出获利”这个原则之外，最关键的额外收获是，你拥有了除一垒手和二垒手之外的本垒打选手。只要坚持运用这一原则，你根据 CAN SLIM 方法选出的股票就会上涨 100% 或 200%，甚至更多。因此，如果你持有的股票是股市中表现最好的股票之一，你一定要试着长期持有，直到它有机会创出新的顶部。这是 4/5 的领涨股常有的收尾表现。

当一只领涨股到达顶部的时候，它已经有好几个月都处于上升势头。从某个时刻起，它会突然飞速上涨，并且涨幅超过自这波上涨行情开始时的任何一周。在所有周线图的范例中，这一周从绝对低值到绝对高值的价格跨度较之前面的任何一周都要大得多。

如果你不使用图表——这在我看来可能是一个错误，你可以通过记录股票每天的价格变化来辨别顶部。许多股票会在 10 天内上涨 7% 或 8%，但是从股票突破它原来的底部开始，其中有一天会显示出最大幅度的上涨。例如，一只股票连续好几个月都在上涨，每天的涨幅都不超过 8%，突然在某一天它暴涨了 12%。当这只股票出现了上述情况，再结合我们提到过的其他几个特征，你就应该知道你持有的股票离最后的顶部只差几天时间了。通过分析日线图和周线图很容易发现顶部，从而更有效地监控你持有的股票。

有人称这种形态为放量顶部，也有人称之为高潮顶部。不管名字是什么，它都描绘了这样一幅情景：好像每个人都在满世界地寻找这样一只股票买入，似乎一旦买入股价就会翻番，前景无限的美梦一旦谈论起来就滔滔不绝。公众都陷入了极度的兴奋之中，海市蜃楼的美景令他们无法自拔，正是在这样的时候，股市泡沫就要破灭了（见图 4-3 至图 4-5）。

图 4-3　1998 年 10 月至 1991 年 1 月亚马逊网上书店日线图

注：亚马逊创造了一个经典顶部，接下来下跌 95%。

就像上文我们在美国在线的例子中所提到的，当股票连续上涨几个月之后，它出现的急速变化打开了衰竭缺口，透露出股票到顶的信息。例如，一只股票前晚可能以 70 美元 / 股收盘，而第二天早上的开盘价跳转为 75 美元 / 股，它在 70~75 美元之间没有做任何停留。这就标志着你已处于一个阶段的末尾，并且可能已经在顶部停留一天或两天了，这时应该及早着手卖出股票。

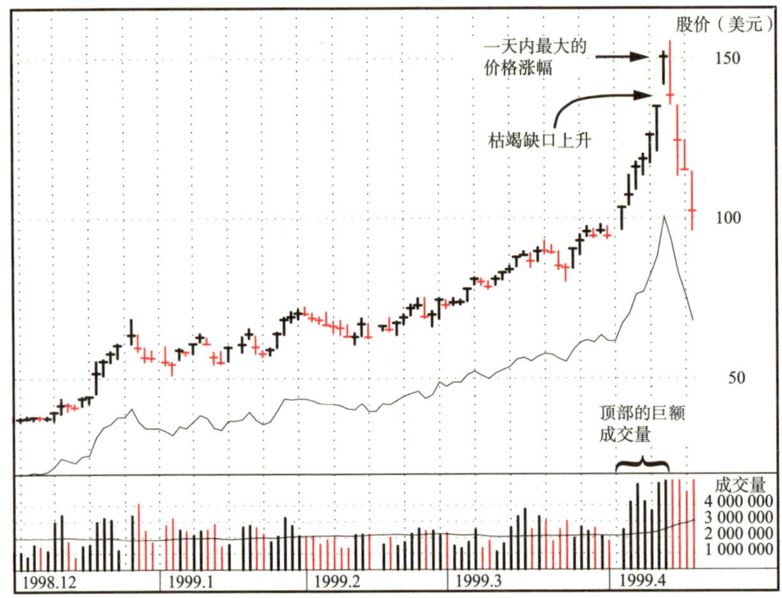

图 4–4　1998 年 12 月至 1999 年 4 月嘉信理财日线图

注：嘉信理财完成大幅上涨，并创出顶部。

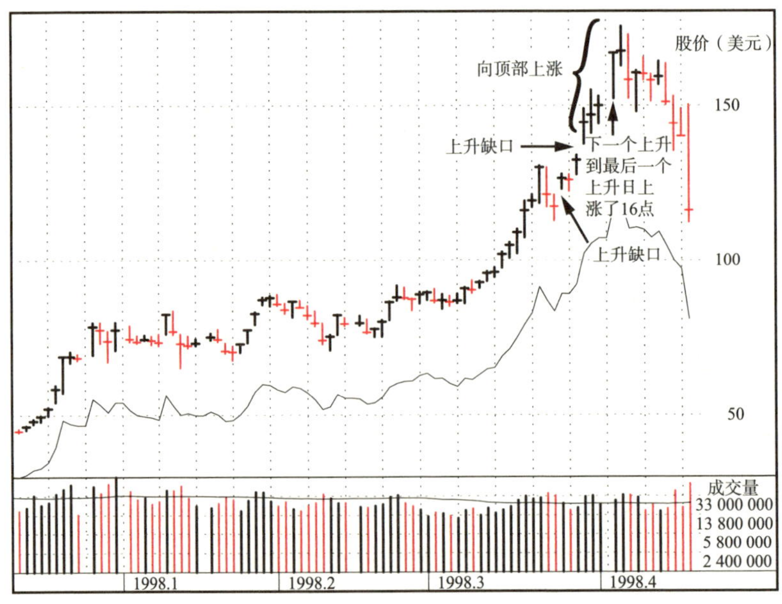

图 4–5　1998 年 1 月至 1998 年 4 月美国在线日线图

注：作为大领涨股上涨至顶部。

这时候，最重要的是不要犹豫不决。你应该在股票仍然上涨，并且看起来很强劲的时候卖出，因为它一旦到达顶部，就会大幅下跌。在短短的两天内，它会吞噬掉最后的上涨空间。

要下定抛出股票的决心不是一件容易的事。因为这时每个人都仍然在奔走相告："哇！看这只股票，真是太出色了！"它的确很出色。在1999 年 12 月末和 2000 年 1 月初的放量时期，蜂窝式便捷无线电话的领导者高通公司在 15 个月里上涨了 20 倍，在最后 3 周里蹿升了 100%，从100 美元 / 股一路涨到 200 美元 / 股。由于它在衰竭缺口过于活跃，导致在那天收盘时再次令人难以置信地上涨了 39 点，那时距离顶部仅仅3 天。

几家股票经纪公司可能会同时推荐你买入这只股票，在这样的时候，做出卖出的决定更加困难。那些股票经纪人对这只股票近期的表现印象深刻，简直到了迷信它的地步，以至不约而同地调高了他们的收益预期和股价目标值。当嘉信理财在 1999 年 4 月冲到 150 美元 / 股的顶部时，一些著名的华尔街股票经纪公司就是出于这种认识而不断地将它推荐给客户。然而，你要保持头脑清醒，不要受到众口一词的干扰，尤其是当你经历过一两次顶部高潮之后，更应该心如明镜。你应该知道在每个人都奔走相告这只股票是多么出色的时候，每个投资者都已经持有了这只股票。对那只股票来说，在那个时候它的唯一方向就是下跌。当一只股票的行情已经大白于天下，令所有人激动兴奋的时候，也就是它盛极而衰的时候。在关键的股市拐点，从众心理往往是错误的，这时最重要的事情是不要盲目从众。

评估市盈率

紧盯一只好股票可能出现的顶部还有另外一个方法，就是评估市盈率的膨胀程度。一只领涨股的市盈率集合了所有的增长参数，它会自股票开始上涨时膨胀 100% 以上。假如这只股票以 50 美元 / 股突破了第一阶段合理的底部，并向 150 美元 / 股攀升，那么在股价为 50 美元时，它是当时 12 个月每股收益的 40 倍。如果股票在 150 美元 / 股时，市盈率达到 95（或者说比起初市盈率为 40 时上涨了 138%），这很可能是你的另一个卖出信号（见图 4-6）。

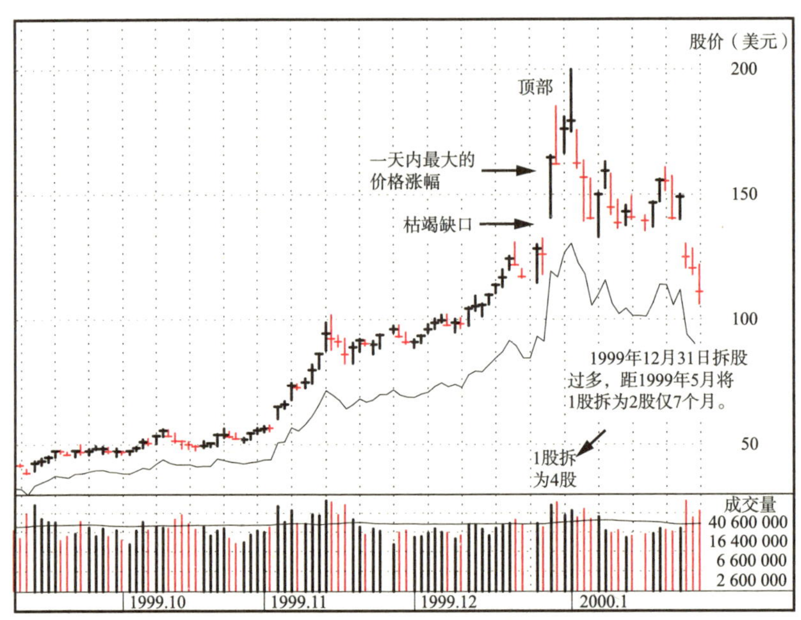

图 4-6　1999 年 10 月至 2000 年 1 月高通日线图

注：这个顶部在短短 15 天内上涨了 100%。

这些警示信号可以作为后 8 周的卖出原则，帮助你继续持有股票以获得更多的收益。在一些情况下，一只股票在到达顶部的过程中，可能会出现两个或更多的跳空信号。例如，你会看到一段加速上升行情和一个衰竭缺口，同时，与上升行情初始阶段相比，市盈率膨胀了 120% 或 130%。嘉信理财就发生了这样的情况。

一旦你曾看到过几处放量行情，就会发现它们反复地发生，令人觉得不可思议。这次是嘉信理财，下次可能就是另一只股票。纵观整个 20 世纪的每一个股票市场和经济发展周期，大型基金和专业投资机构共同追逐当时成长性最好的股票，哄抬它们的股价，最终导致市盈率被抬高到常理无法判断的水平。历史一次又一次地反复上演，人类的本性继续大行其道，股市成为人性的试验场（见图 4-7）。

图 4-7　1998 年 9 月至 1999 年 6 月嘉信理财周线图

注：图中可见周线图中的顶部。

真正的问题在于：你愿意进一步研究历史从而获得经验和教训吗？你可能并不情愿，会用一些借口来开脱，比如说这样的工作太繁重了。那么，如果你不做这样的功课，你和你的顾问是不是很容易再次犯下过去已经犯过的错误呢?

使用通道线

另外有一个方法可以发现领涨股长期上涨之后到达顶部的形态，那就是利用通道线。我们需要再次使用图表（日线图或周线图），画出几条上升趋势的直线。第一条线连接股价暂时回调形成的绝对底部的 3 处主要低点，第二条线连接顶部区域的 3 个主要高点。当股票冲出第一个底部之后，挑选出几个具有代表意义的点，每个点之间需要间隔一段时间——最好是几个月，而不是几个星期，这样的话，你就能标绘出股票运行的主要趋势。你画的线不会是绝对平行的，但相当接近于平行线。

如果股价穿过了上面的通道线，比如，它在 50 这个价位与通道线相交，并到达 51 或 52 这样的高值，此时处于顶部附近的概率就会达到 75%~80%，你可以卖出股票了。即使在当天交易期间，它也需要一次对通道线的穿越（见图 4-8）。

交易点拨

处于通道线中的股票何时卖出

一旦股票突破通道线，就马上卖出它。不要停下来等待，观望下一步会发生什么，但是也不要草率行事，把握适当的时机很重要。

一只仍在上涨的股票通常不会穿过上面的通道线，而是不断地向顶部通道线试探，一旦触及线上的股价就回调，几周后再度向上冲向上面的通道线，如此往复，但一直处于这个通道之内。

如何知道一只好股票下面的坚冰何时消融？你可以通过追踪股票在上升过程中形成的底部形态而得知。就像我们所讨论过的那样，一轮新的牛市总是会产生一些新的领涨股，其中最出色的股票在筑成第一个底部之前，会表现出强劲的上升趋势。接下来它们会突破底部，并在进入调整期之前上涨 20%~25% 或者更多。然后它们会筑成第二个底部，再次突破，并再次上涨 20%~25% 或者更多。有时候，如果它们的基本面仍然健康的话，有可能会筑成第三个底部，并再次从底部突破。

图 4–8 1994 年 9 月至 1996 年 3 月美光科技周线图

注：在股票突破了主要的上通道线时卖出。

如果一只股票的第一个底部突破是通过适当的调整筑成的，它在一个新的牛市里通常会发展得相当顺利。由于不是每个人都会观察到这一点，并对它确信无疑，因此很少有投资者会买进它，甚至很多人根本不知道这只股票的存在。它可能是一家新上市的公司（在最近几年才公开发行股票）。如果它的第二个底部合理地形成，就会有一些投资者开始注意到它了，但是仍然没有足够多的买家敢冒巨大的风险在第二个底部突破处买入它。如果有太多人注意到这只股票，或者它的形成是有缺陷的，那么它最终很可能会失败。

然而，到了股票筑成第三个底部的时候，大多数聪明的投资者不仅知道了这只股票，而且还会根据它的表现调整投资组合。许多人会买入一些；也有一些人，尤其是那些很早就买入了这只股票的投资者，已经在考虑将它卖给那些等待再次突破或上涨的人（见图 4-9）。

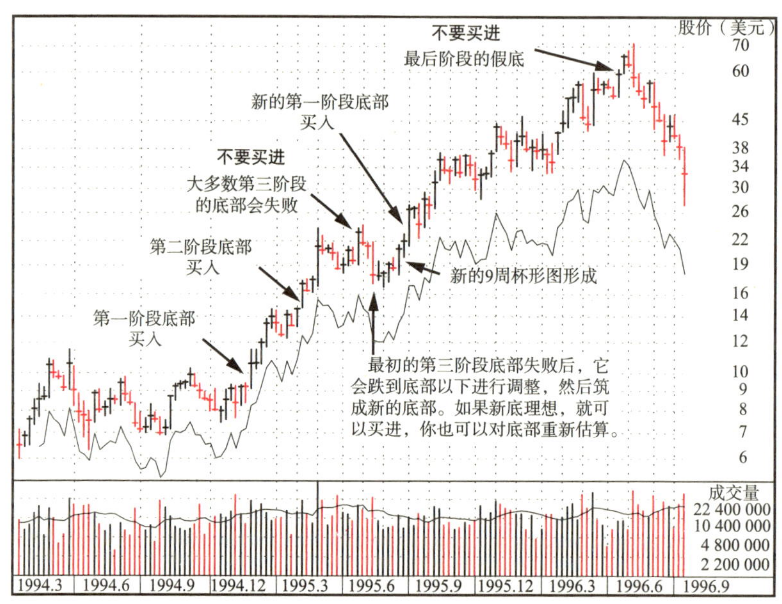

图 4-9 1994 年 3 月至 1996 年 9 月美国在线周线图

注：美国在线的多个底部阶段。

上述后一部分人属于潜在的卖方力量，会降低它从第三个底部成功突破的概率。然而，如果第三个底部突破成功，股票就会继续上涨并筑成第四个底部。这时你一定要保持高度警觉！当第四个底部试图突破的时候，它失败的概率是非常大的。到那时，这只股票的行情对每个人都是显而易见的了。就像我们前面说过的，在股市里，如果一只股票对公众来说，它的行情已经天下大白，往往难于成功。

一想到许多投资者从来不使用图表，因而背负着不自知的劣势行走股市，我就想嘲笑他们由于无知而滋生的自以为是的观点。他们从来没有一种方法来判断自己持有的股票正在走出哪一阶段的底部，甚至连股票处于最后一个底部也不知道，更不知道识别这些底部的重要性。这就好像打算做长途的越野旅行而事先没有计划，也不带地图、备用轮胎或者移动电话。因此我们在 1972 年开创了“每日图表”栏目（Daily Graphs®）和在线投资研究工具“每日在线图表”（Daily Graphs Online®），帮助投资者提高选股质量，以便更好地掌握决策时机。

总而言之，如果你持有的一只股票是根据 CAN SLIM 方法挑选出来的，而且它已经筑了 4 次底又突破 4 次，就应该考虑卖掉它了。如果你打算买入一只正突破第四个底部的股票，不如再权衡一下（见图 4-10）。

交易点拨

处于第四个底部的股票不宜投资

真正的专家根本不会花时间研究这套 CAN SLIM 方法，也不会买入任何一只出现第四个底部的股票。有的时候，这只突破四重底的股票会上涨 5% 或 10%，以吸引那些后知后觉的投资者。但是在这之后它会快速下跌，跌破底部的最低价，导致投资者在这场突如其来的惨重损失中被震荡出局。

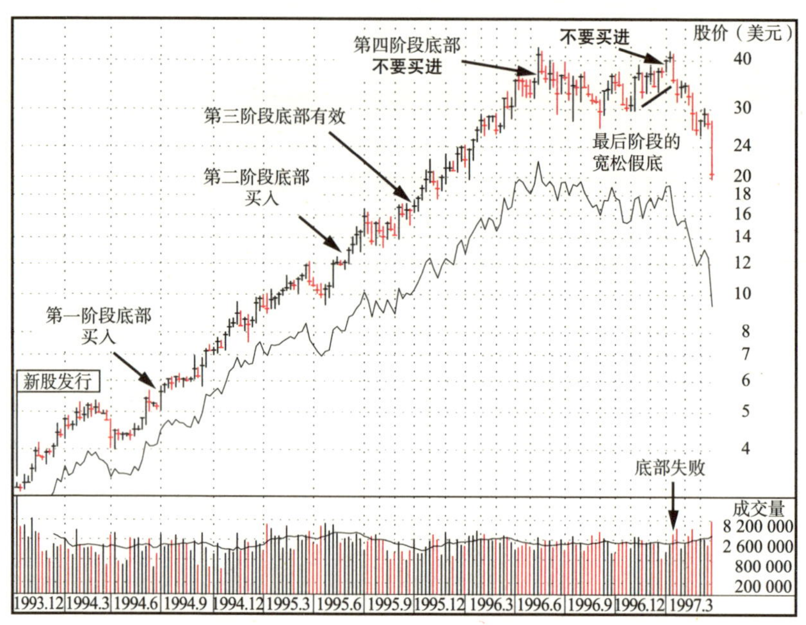

图 4–10 1993 年 12 月至 1997 年 3 月高德纳公司周线图

注：图中可见高德纳公司最后一个宽松的假底。

当你对图表的底部形态非常熟悉之后，你就会发现当市场领涨股上涨时，它从第一个底部开始，往后的底部将变得越来越宽，越来越松散。你也可以发现，与最初正确筑成的底部相比，第四个底部是多么宽松，它的形态已经不再理想，存在着更多明显的错误和缺陷。

这样的细节与投资决策大有关系。这就是为什么《投资者商业日报》最成功的订阅者都会反复阅读这些资料，直到确信自己真正具备了认识和处理这些重要细节的能力。要成为一名投资大赢家，你必须为获得成功做许多准备，幸运与成功没有必然的联系。如果你下定了决心，并积极地从你过去所犯的错误中汲取教训，你就是在为成功做热身准备。所有伟大的投资者刚进入股市时都免不了犯错。

观察股价相对强度线

一只强劲的股票是否正在试图突破连续底部？关于这一点，你还可以通过观察另外一个关键的指标来发现，这就是股价相对强度线。当一只股票突破买入点之后，接近或者进入新高的时候，股票价格下方的细浪线会追踪股票与标准普尔 500 指数相比的相对强度，这条股价相对强度线也应该向上突破。如果突破没有发生，股价相对强度线也应该会迅速跟上，以确定股价的上涨（通常，股价相对强度线会比股价本身提前突破新高，这是非常积极的信号）。一条滞后的相对强度线意味着疲软、失去了影响力，它已不可能再成为领涨股了。你应该避免买入这种带有缺陷的股票，如果你已经持有了这样的股票，应考虑及早抛出它（见图 4–11）。

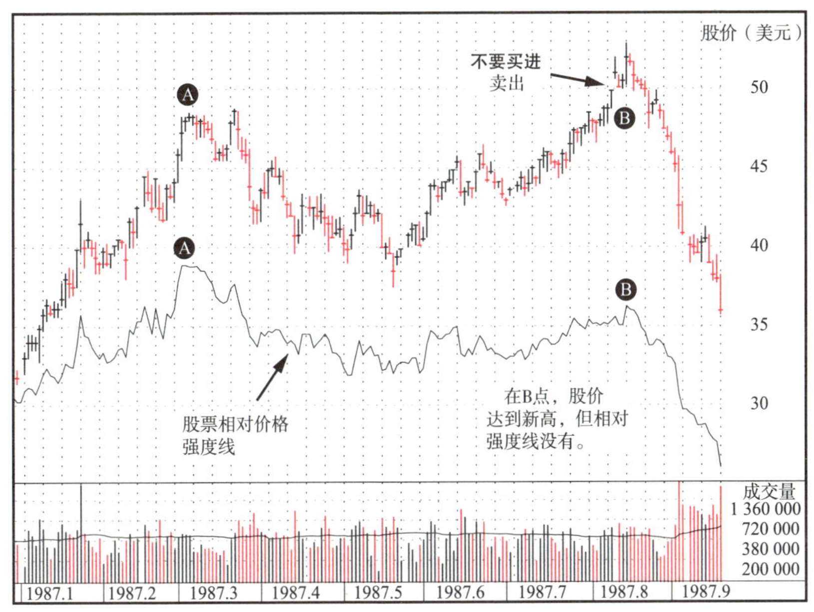

图 4–11 1987 年 1 月至 1987 年 9 月 The Limited 日线图

注：The Limited 的相对强度线未能创造新高。

如果不使用图表，你也可以通过相对强度等级本身来追踪相对强度。我们在《投资者商业日报》里列出的相对强度等级分为 1~99，其中 99 是相对最强的。如果一只股票的相对强度等级达到了 90，则意味着它在过去的 12 个月里的表现要优于所有股票的 90%。

在过去的 50 年里，我们的历史数据库中表现最好的股票模型突破底部，并且上涨 100% 或 1 000% 甚至更多时，它们的平均相对强度等级一致显示为 87，而且在每一轮的股市周期都是如此。这些最好的股票所具备的特征是如此统一，因此你可以看出，坚持了解和研究股市的历史有着多么重要的价值（见图 4-12 和图 4-13）。

图 4-12　1999 年 6 月至 1999 年 10 月诺基亚日线图

注：诺基亚的相对强度线先于股价达到新高。

如果一只股票的相对强度等级下跌到了 70 以下，这就标志着它开始滞后于表现出色的领涨股，变得疲软，并且后继无力。在一般情况下，这表明应该考虑卖出了。如果这家公司的公募规模太大，过大的盘面导致价格相对强度难以维持的话，这种情况又另当别论了。这时，你可以容忍它的相对强度等级下降到 65 左右。但是，如果一只股票的相对强度等级跌到了 60 以下，即使它是一家大公司，也意味着这只股票近期既没有力量，也缺乏盈利动力成为一只真正的领涨股了。

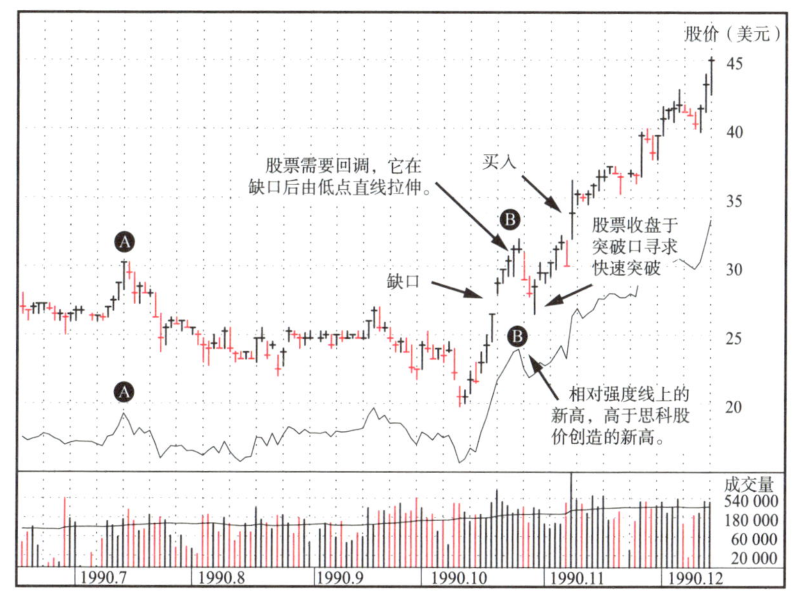

图 4–13　1990 年 7 月至 1990 年 12 月思科系统日线图

注：思科系统的相对强度线先于股价达到新高。

如果投资者没有密切关注他持有的股票的相对强度变化，也没有使用图表的习惯，就很容易买到一些相对强度等级很低的股票，或者持有这样的股票而不做任何调整。这样下去只会导致两种结果——糟糕的投资成果或者损失大量的资金。如果你采用了我们介绍的方法，便可以让损失得到很好的控制。在任何一个牛市里，投资者都不应该买进或持有相对强度等级为 10、20、30、40 或 50 且表现不佳的股票。股市会直率地告诉你，在这些股票上投资是相当糟糕或者说是很平庸的选择。如果你的有价证券中有许多像这样的股票，那么你的投资经验不会取得明显的进步，财富也不会获得一定的增长。

此外，你应该知道，在一个股市周期里，超过半数的领涨股来自表现最强劲的行业。**如果你买入了龙头行业中的一只领涨股，你需要同时盯着同一行业的其他一两只领涨股**。例如，你持有沃尔玛的股票，你也应该关注如家得宝、科尔士（Kohl’s）和零售业的其他领涨股。如果这些股票正在形成主要的顶部，你就要追究你持有的股票是否会成为下一个见顶的领涨股。

如果你持有的股票是所在行业里表现良好的一枝独秀，你就需要保持谨慎了。你一定不希望当机构投资者扫荡其他同类板块的股票时，你持有的股票成为唯一努力支撑大局的力量。在某种意义上来说，卖方力量会将整个行业洗底。

然而，不要断定所有行业的表现都一样。在新一轮的牛市里，5~7个行业的表现会是最出色的，并且成为股市的领涨力量。但是每个行业都有其自身的特点。股市就像一个大家庭，包容兼收众多成员，它可能吸收一个行业里所有或几乎所有的 25 只股票，同时又吸收另一个行业的 10 只股票，看起来济济一堂，实际上，其中只有 2 只或 3 只股票可能成为领涨股，其他的则只是尾随其后而已。

换句话说，一个行业表现强劲并不意味着这个行业内所有的股票都会上涨。你要避免买入那些在行业里处于滞后地位的股票。再强调一遍：一定要盯住 2 个或 3 个表现最好的领涨股。**如果行业里有一只关键的领涨股陷入困境，你就要小心翼翼地观察这个行业的其他领涨股。**

拆股

在一个牛市周期里，一只大幅上涨的股票通常会进行一次或两次的拆股。公司喜欢拆分股票的主要原因之一是为了对个人投资者保持有吸引力的股价。拆股之后，公司会拥有更多表现杰出的股票，但总的市值仍然保持不变。

比如，你持有 200 股某只股票，当时以 80 美元 / 股买入，也就是说你在这只股票上投资了 16 000 美元，这时公司宣布把 1 股拆分成 2 股。当拆股生效后，你就持有了 400 股。但是他们的成交价会变成 40 美元 / 股。总市值还是一样的，仍然是 16 000 美元，但是每股价格却降低了。

大多数投资者都很欢迎拆股，因为他们相信这样可以增加收益。但是从上面的例子看来，实际上并不是这么回事。拆股本质上对股票的发展既不能起到积极作用，也谈不上存在消极影响，除非拆完的股份太庞大了或者拆股次数太频繁（见图 4–14）。

把 1 股拆成 3 股、4 股、5 股就拆分得过度了，以至很容易标出股票的顶部。如果你仔细考虑过这种情况，就会发现其中的意义。过多的拆分暗示着股票已上涨了相当大的幅度（否则它就没有必要现在进行拆分），同时也意味着每个打算买入它的投资者可能已经持有了它。如果一只股票在快速上升阶段拆分 2 次或更多次数，股票就会变得非常敏感，一段时间后势必会再度拆分。例如，股票起初由 2 股拆为 3 股，8 个月或 10 个月后又将 1 股拆为 2 股。以高通公司为例，在 1999 年 12 月股票处于顶部时，它把 1 股拆分为 4 股，而在仅仅 8 个月前，它已经把 1 股拆分为 2 股了。

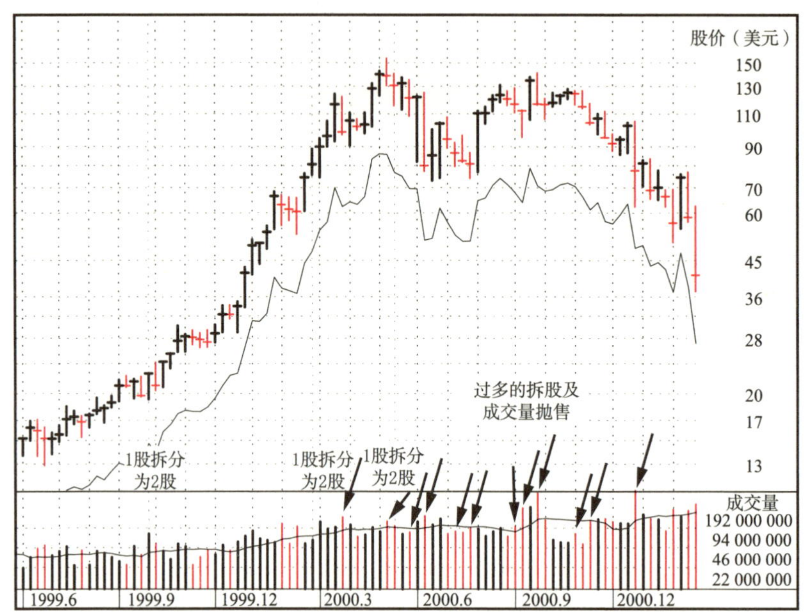

图 4–14　1999 年 6 月至 2000 年 12 月捷迪讯光电周线图

注：捷迪讯光电在一年内过度拆分。

这并不意味着当股票被过度拆分时，你就一定要卖掉它。具体情况具体分析，是否卖出取决于拆股时股票本身处于什么阶段。如果它已从底部充分伸展，这时拆分可能会让形势岌岌可危。当新股开始交易的时候，被拆分的领涨股仍然能在拆分的那天回升，并继续创出新的顶部。

换句话说，股市从来没有要求过你仅仅因为出现了过度的拆股就卖出。但是，当每一个投资者都青睐这些股票，并为之激动不已的时候，你就要加倍小心了，这时一定要留意它们在顶部可能进行的拆股。一些专业投资者会抓住顶部拆股的时机卖出股票。

充满主观色彩的卖出信号

通过多年客观、确切的技术性研究和基本面分析，我们总结出了上述卖出原则。你应该客观地对待这些原则，并将它们严格地运用到你的投资活动中。然而，有一些卖出信号充满主观色彩。其中一个信号就是当你看到某公司首席执行官的照片出现在《商业周刊》《福布斯》或《财富》等刊物上，杂志里面讲述了他的公司和团队是如何优秀之类的故事时，你就应该卖出这只股票了。我对几年前一家互联网公司的类似情况记忆犹新。当你看到这家公司首席执行官的面孔时，就能感觉到他对自己所取得的成就是多么自豪。记得当时我曾说过："它的时代结束了。"之后，这家公司的命运果然不出我所料。

一些研究发现，从长期发展来看，如果一个公司的首席执行官过于自我，并按自己的个性来管理公司的话，他们不如那些相较而言谦逊得多的经理人业绩出色。研究同时发现，当一些公司的股票表现最好的时候，业绩出色的首席执行官往往十分低调，外界很少有关于他们的传闻。当山姆·沃尔顿（Sam Walton）逐渐进入媒体的视线，关于他的大量报道见诸各类书刊的时候，沃尔玛的股价已经上涨了 10 倍或 20 倍。

因此，如果那些最著名的杂志还没有采访你持有股票的那家公司，你不需要担心。当他们真正开始大肆接受采访之后，你就应该担心了。当首席执行官的照片在各种杂志的封面上随处可见的时候，你就应该考虑卖出这家公司的股票了。**切记：股市是一头叛逆的猛兽，当最终大众都看清了它的面孔时，它就无法继续往前横冲直撞了。**股市总是喜欢愚弄和欺骗大众。

同时，你也要密切关注公司挥霍奢侈的信号，这表示它进入了显著消费的浪费期。一个规模庞大的新总部可能会让城里其他的执行官羡慕，但是作为一个股票持有人，你要敏锐地察觉到这是一个公司开始挥霍的信号，它意味着股票已经到达或正在接近顶部。在芝加哥市中心，西尔斯大厦可谓是最为高耸巍峨的建筑了，大厦建于 1970 年，直到 1973 年才竣工。与大厦的夺人气魄相反，西尔斯的股票却一路萎靡不振，不景气的行情持续了 30 年之久。泛美大厦（Pan Am Building）在中央车站完工，通用汽车公司在广场酒店（Plaza Hotel）对面建起了豪华行政楼，海湾与西方工业公司（Gulf & Western）的新总部俯瞰中央公园。当这些公司总部在纽约繁华地段拔地而起的时候，也是他们的股票接近顶部的时候。伯利恒钢铁公司（Bethlehem Steele）的新总部和乡村俱乐部的情况与以上公司如出一辙。随着互联网行业繁荣到白热化的程度，新的电子玩具公司（eToys）总部在洛杉矶的奥林匹克林荫大道（Olympic Boulevard）落成，为股市再添一例奢侈浪费的范例。

当一个公司显露出欲成为业内龙头企业的勃勃野心时，你也要格外提高警惕。因为通常随之而来的是一场兼并重组的狂欢，最终导致公司难以从遗留问题中恢复元气。还记得吉米·林（Jimmy Ling）掀起的兼并狂热吗？在 1967 年夏天，美国 LTV 公司（Ling-Temco-Vought）的股价到达顶部时，一度涨到了 170 美元 / 股。富达基金（Fidelity）的最著名的股票经理人之一彼得·林奇认为这种变化是“越变越糟”。

根据经过时间检验和证明的原则、方法和先例，在一段主要的上升行情过后，卖出股票的最后一个提示就是出手要及时。

如果你在股票上涨时没有卖出持有的所有股票，等到股票下跌的时候，你开始为自己找各种理由。你也许会说：“哦，我错过了一个赚钱的好机会，所以现在我要等它反弹回升再卖出。”接着，股票又下跌了一些，你又会说：“好吧，现在我不能卖出它，因为它跌得太厉害了。”当它进一步下跌的时候，你还会说：“它曾上涨到这个价位，现在又下跌到这里，它不可能跌得更低了。”实际上会发生什么事情，接下来你就知道了。

交易点拨

出手要及时

当你要卖出它的时候，马上卖出。不要自以为精明，仅仅抛售一小部分股票。你要么卖出，要么买进。如果你想卖出，就马上抛售，千万不要举棋不定。

避免这种典型心理陷阱的唯一方式就是在股票上涨时就卖出，当你获得了一定收益，要见好就收。如果这只股票上涨得更多，而你已经获得了一定的收益，你就可以拿着这笔现金去寻找另一只潜力股。此外，我们在前面讲述过，如果你连续获得了 3 个 25% 的收益，你的本金可能上涨了 100%，这个结果已经非常不错了。如果其中有一次收益来自于在高潮顶部的卖出，你的收益就会更加可观。

另外，你还要**避免同时进行长期和短期的对冲套利**。你可能认为自己卖出一个看涨期权或者买进一个看跌期权是聪明之举，但实际上不过是聪明反被聪明误。在各个不同的形势下，你最终可能会在错误的时间结束抛售，也可能在正确的时间错误地结束抛售。

学会化繁为简吧。投资是一项足够复杂的工程，千万不要因为要小聪明而让它进一步复杂化。

买卖原则 5

让你的投资组合利润最大化或损失最小化

管理你的证券投资组合就好像照料一个花园。如果你不细心呵护，你劳心费力种植的可爱花朵就会被难看的、肆意蔓延的杂草排挤出这块土地，这些杂草会给你带来无尽的烦恼。同样，你也需要密切关注你持有的股票。一旦有“杂草”冒出，不要犹豫，马上拿起铲子动手清理它。

有效管理投资组合

在股市这个茂密的园林里，如何区别花朵和杂草呢？很简单，股市会自动告诉你。那些在你买进它们之后就一直充分上涨的股票就是花朵，那些一经买入就大幅下跌或者上涨幅度很小的股票就是杂草。如果你持有 5 只股票，其中一只上涨 15%，一只上涨 7%，一只不涨不跌，一只下跌 5%，一只下跌 10%，那么从底部开始算起，你在这个投资组合里就损失了 10%。

这个道理听起来简单,但是对大多数投资者而言并不那么容易接受。出于人的自然本性，你肯定希望花园角落里那些可怜的小苗——它们正在和你种植的其他植物一起努力生长，迟早全都长成参天大树。但是，正如我们所知，股市不会在乎你的期望。通过股市的竞卖定价系统，你便能知道你的一只或多只股票是否存在缺陷。当这些股票的缺陷豁然彰显时，你就该接受事实，根据股市行情来不断地调整投资。只有这样，你才能让自己的证券投资组合保持健康，最终稳稳地成为赢家。

头脑灵活的商家以同样的方式经营他们的业务。如果有些商品滞销了，他们就降价促进销售，并将回收的资金投入到那些畅销的商品上。你持有的“商品”也需要同样的管理。你持有的股票清单需要每周、每月、每季度、每年进行定期检查，以确保亏损不会进一步扩大，只要做到及时止损，你就永远都不会背负长期的损失。

识别绩优股

假以时日你就会了解到，**每当你买入 10 只股票时，其中只有 1 只或 2 只是真正的绩优股，它们具备上涨 2 倍、3 倍或者更多的潜力。因此，重要的一点就是，当它们出现在你的视线范围内的时候，你能够认出它们。识别这类股票的方式之一，就是仔细地观察它在早期阶段的表现**。我们在第 3 章中提到过，有巨大潜力成为赢家的股票在突破适当筑成的底部之后，会在 1~3 周内暴涨 20% 甚至更多。如果我刚刚根据 CAN SLIM 方法买入的一只股票发生了这样的情况，我通常会将它放在一边，暂不考虑卖出，并持有得更久一些。换句话说，我会让它成为我的卖出原则（在股票上涨 20% 或 25% 就卖出获利）的一个例外情况。没有什么比拥有下一个微软的股票，却在它上涨 20% 或 30% 时卖出，之后眼睁睁地看着它翻 1 倍或翻 2 倍更糟糕的了。那种感觉就像露营者弄丢了帐篷一样沮丧。

集中投资和分散投资

成功管理投资组合的另一个关键之处在于，你要客观地认识到，在股市里不仅要做出正确的决策，还要享有这一正确决策所带来的丰厚利润。通过专注的研究和明智的决策，你可以做到这一点。

交易点拨

集中投资确保收益

持续地买入某几只股票，而不是广泛撒网，后者只会让局势充满极大的变数，对确保收益毫无好处。

如今，几乎每个美国人都被灌输过分散投资是安全审慎的投资秘诀的观点，它说服大众将钱投资到许多股票上，而不是集中投资到几只股票上面。客观地说，这个观点只有部分是正确的。的确，你的投资越分散，你在任意一只股票上冒的风险就越小。虽然这种方式有保险的一面，但是它无法保护你免遭实质性的损失。当你做出正确决策时，也不见得能够万无一失地赚到大钱。

我认为广泛的分散投资没有任何价值，它不过是对自己无知的辩护。你不知道要买什么股票，因此你买进了许多自己所知甚少的普通股。其实，如果你的投资组合更为集中，即使偶尔出现决策错误也不会让你损失太多。

要想分散投资，还有一个更易操作的方式，即定额限量，强制实行。一旦你决定投资多少钱，你就要严格控制你的投资组合中股票的数量，然后按照设定的限制施行。在卖出其中一只股票之前，不要再买入另一只股票。如果你决定持有的股票数量不超过 10 只，这时你想再买入一些其他公司的股票，你应该强迫自己卖掉现有的股票中最没有吸引力的那些之后，再买入新的股票，并且买入的数量不要超过卖出的数量。如果你不强行设定股票的上限数量，你会发现即使你打算仅持有 10 只股票，最终你手中的股票也会达到 15 只、20 只甚至 25 只。因此，在这种失控的局面发生之前，你务必将鲜花区的杂草除尽。

没有人能完全把握所有股票的动向，并让几十只股票都保持在顶部。经过多年观察，我发现更好的做法是把所有的鸡蛋分别放在几个篮子里，然后紧盯着那些篮子，才能知道它们前后所发生的事情。

如果大盘开始进入重要的全面下跌行情，即使我仅持有 4 只股票，我也可能会卖掉其中的一只，因为股票的行情触及了卖出原则。2000 年 3 月，大多数领涨股在经典高潮顶部的抛售也是发生在这种背景之下，及时的抛售为理智的投资者守住了 20% 或 25% 的收益，减少了一些不必要的损失。由于我不看好大盘的某些表现，我也可能再卖掉另外一只股票，例如，它在抛售日出现了成交量过度放大的情况。这时，我已经将 50% 的股票套现了，通过这种保险的方式，我得以保护自己免受可能出现的严重损失。

但是，如果我分散投资了 50 只股票，当股市下跌时，卖出一两只股票根本于事无补。姑且忽略这一两只股票，实际上我仍然是满仓，这样势必会遭受股市全面下跌所带来的一切后果。切记：当股市下跌时，3/4 的股票都会随之下跌。我们的综合历史研究囊括了 75 年来的股市风云，研究表明，许多股票一旦经历一次严重的下跌，就永远无法恢复元气了。如果投资者的投资组合过于分散，可能会导致许多以前的领涨股如今成为过时的、不受欢迎的商品。这些股票会变得越来越衰弱，削薄了投资者能获得的整体收益。

经过一番仔细斟酌、深思熟虑，待你将持有的股票进行合理的配置之后，你就可以把分散投资布局得更加灵巧了。在进行分散投资时，绝对不要把你所有的资金委托在同一类型的股票上。相反，你应该在投资组合中的其他股票开始显示上涨之后，再将资金一点一点地委托出去。这样的话，如果事情的发展如你所料，你就可以适时地分散投资。如果事情没有达到你的期望，那为什么还要投入更多的钱呢？你永远都不要把所有的钱拿来投资，除非你正在不断获得收益，或者你拥有的财富仍在增长。

比如，你以 100 000 美元作为本金，你打算将它们平均地投入到最多 5 只股票中去。第一次购买时，你不必将 20 000 美元全部投入每只股票。你可以拿出一半的钱投入，如果它表现良好的话，接着再慢慢追加余下的资金，直到将 20 000 美元全部委托出去为止。

随着不断的调整，当你卖掉了表现最糟糕的股票，原本投入其中的部分资金便可以流动到一个新的位置。如果投资组合中的绩优股处于一个合理的新的买入点，这部分资金也能够流动到你已经持有的那些绩优股中。有时候，你会发现一个 10 只股票的投资组合会被逐渐削减为 6 只、7 只或 8 只。这时，你的投资组合仍然符合分散投资的理念，但是它会变得更强劲。因为你将资金从表现不佳的股票转移到了绩优股上，这种方式我称之为强制喂入法。

在这个过程中，股市本身会帮助你对股票进行选择和归类，并从稻草(下跌的股票)中挑出小麦(上涨的股票)。股市的决定自有道理,对此，你不必表示任何异议。

增持股票

此外，还有几种方式可以增持长期持有的股票。如果你是一个保守的投资者，你可以在第一次购买时只投入一半的资金，然后静心等待，同时观察你买进的股票是否会上涨 20%~25%。如果它们的确上涨了这么多，接下来就会筑成看起来非常理想的新底部。当股票突破这个新底部的时候，你就可以放手进行第二次买入。

对相对激进些的投资者而言，在第一次买进股票之后，一旦股价在准确初次买入点的基础上上涨了 2%~3%，他们就会毫不犹豫地进行补仓。你只需要确保第二次买入时投入较少的资金，这样分摊下来，你的平均成本就不会上涨得太快。例如，你在 50 美元 / 股的价位买入某只股票，当它涨到了 51 美元 / 股，你就会开始增持，因为它的上涨给了你一些暗示，即你买对了股票。如果你第一次买入了 100 股，第二次可能会买入 65 股，在某个合理的买入点投入较多的资金。我的第二次购买几乎都是自动进行的，一旦我第一次买入的股票上涨了 2%~2.5%，我就会自动补仓。通过这样的操作，我从来没有错过每一次向潜在的领涨股追加投资的机会。如果股价涨到 52 美元 / 股，那么第三次可以买入 35 股。但是，不要让你的逐次买入量形成金字塔形，一定要学会适可而止。如果股票的价格从 50 美元 / 股开始上涨，当涨幅保持在 5% 以内时，它仍然处于合理的买入点。一旦股价超过 52.5 美元，你就不要再轻易补仓了，否则，在必然会发生的下一次正常的价格回调中，你将承担被套牢的巨大风险。

如果你最初果断买入的股票从 50 美元 / 股跌到了 48 美元 / 股，暂且不用去管它。这时你绝对不能再进行补仓了，因为股价正在下跌。如果你在是否补仓的问题上摇摆不定，这便意味着你正在对股市存在异议，指责股市本身不知道在做什么。我在前面说过，这种情况是最危险的。

我们总是可以从许多先例中看到股票从 50 美元 / 股涨到 51 美元 / 股，之后就一路下跌。但是从长期的发展来看，股票上涨最好不要增持，多预留一些资金投入在你能够正确判断的股票上，对于那些你无法准确把握的股票，少投入一些资金。你必须紧跟表现良好的股票，削减表现不佳的股票。然而，只有在牛市才增持表现出色的股票。在熊市里，这种做法根本不起作用，因为几乎每次的突破或反弹都会以失败告终。

交易点拨

关于增持的问题

股票上涨最好不要增持，多预留一些资金投入在你能够正确判断的股票上，对于那些你无法准确把握的股票少投入一些资金。你必须紧跟表现良好的股票，削减表现不佳的股票。然而，只有在牛市才增持表现出色的股票。在熊市里，这种做法根本不起作用，因为几乎每次的突破或反弹都会以失败告终。

把握卖空时机

在熊市里，你最主要的行动应该是持币观望。从 2000 年 3 月股市见顶到 2002 年的整个期间，我们的内部资金管理团队所操作的自己的持股公司平均仅投资 10% 的资金在股票上。由于消极大盘指数占压倒性优势，我们将其余的资金全都用来投资了货币市场共同基金。曾经有几次，我们试图以少量的资金作为试探，重新进入股市，但是这一尝试最终徒劳无功，于是我们不得不迅速调整策略，全身而退，继续将资金投入到货币市场共同基金上。直到 2003 年 3 月——自我们在 2000 年持币观望以来，历时整整 3 年，我们才重新回到全部投资股票的局面。

如果你是股市里相当熟练的老手，任何时间都知道自己在做什么，你可以在熊市里卖空股票。当你进行卖空交易时，你必须确保自己能够从经纪人那里借到你打算卖空的股票。你卖空是因为你希望股票的价格下跌，这样你就能够以一个更低的价格买回股票以结束你的投机生意。但是卖空股票的风险也是很大的，许多尝试卖空股票的新手都很容易失手。

你永远都不会希望卖空一只正在上涨而且价格或市盈率看上去很高

的股票。因为一些很合理的原因，它的价格或市盈率正处于高位，并且还会进一步上涨。你也不想卖空那些交易量不大的小盘股。因为对某些人来说，用哄抬股价的方法让你遭受损失太容易了，往往你不得不买回股票以平仓。最后，你可能也不想卖空那些大盘的分息股票，因为你将不得不派付随之而来的股息。

颇具讽刺意味的是，如果一只以前的领涨股明显跌破之后至顶，并横向回调 3~4 次，接下来开始走弱，在这之后的 5~7 个月，就是卖空它的最好时机。

交易点拨

卖空领涨股的最好时机

如果一只以前的领涨股明显跌破之后至顶，并横向回调 3~4 次，接下来开始走弱，在这之后的 5~7 个月，就是卖空它的最好时机。

卖空交易必须以一种非常精确的方式进行，在此期间，你要明确地知道自己在做什么。这其中的微妙之处很难处理，比买入一只股票要困难得多。因为卖空出错的概率很大，而真正能够让你安全卖空的概率是很小的。你不应该在一只股票的行情对所有人来说都显而易见的时候才卖空，而应该抓住正确的时机及早卖空。然而，正确的时机很少出现。当股票在低于历史低点处突破的时候，就算是业余的图表分析师也看到了这一点，你就显得有点后知后觉了。你最好耐心等待，直到股市以前最出色的领涨股明确地筑起一个主要的顶部，并从顶部下跌好几个月之后，你再把握机会及时卖空。

股票到达顶部并没有什么问题，在股票回调 3 次或 4 次之后精准地估计卖空时机才是唯一重要的问题。如果时机把握得不准确，将会迫使那些不成熟的卖空者不得不买回股票以平仓。

当你打算卖空时，你不能总是等待一个新的低价，而必须在第 3 次或第 4 次回调 10% 或 20% 或者更多，并开始下跌时卖空。股票回调之后，新的股价要低于它的 10 周移动平均价，当天的成交量会放大。这时，股票的价格往往比几周前的低价至少高出 4 点或 5 点，一些图表分析者可以将它看作一个新的突破点或者可能的支撑区域。在股票的行情对大多数投资者变得显而易见之后，把握这样的信息让你能够占据先天优势，同时也能给你一个关键的潜在保护。

当一只股票在跌破以前的低位支撑区域时才卖空它就太迟了。然而，很少有投资者能够理解这一点，这就是为什么大多的卖空会遭受巨大损失的原因。由于卖空股票相对复杂，我不会在股价下跌时再度追加投资。因为在股市回调几天之后，股票的形势很容易让你措手不及。同时，即使股票仍在持续下跌，当它的跌幅达到 20%~30% 的时候，你也应该抛出股票。因为在某些阶段，它会快速反弹回升 20%~50% 左右来追击卖空者。股票在快速反弹至 10 周移动平均线上方之后，一旦它击穿 10 周移动平均线，同时成交量放大，股票就可以被再次卖空。

关于正确的卖空点和尝试卖空的错误时机，下面有几个例子可以佐证。这些例子由我们最成功的卖空者之一吉尔·莫拉莱斯（Gil Morales）提供（见图 5-1 至图 5-11）。

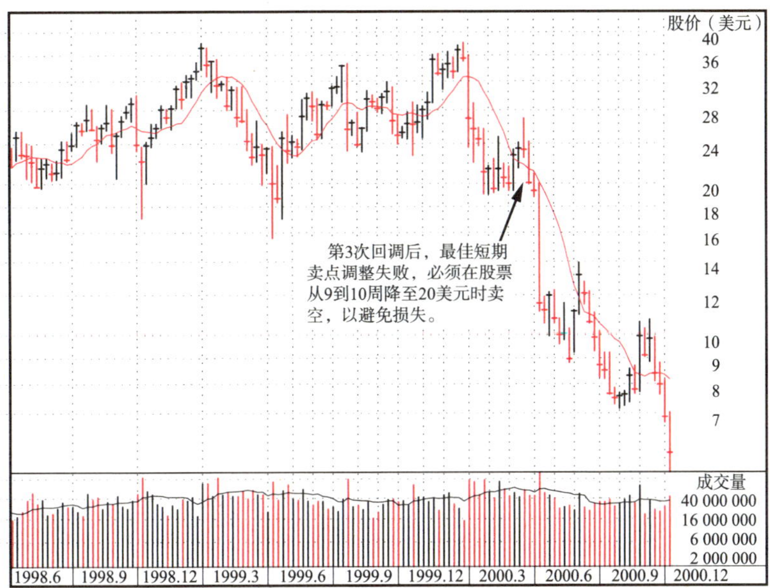

图 5-1　1998 年 6 月至 2000 年 12 月康博软件周线图

注：股市实现大突破、10 周线下降后回调，卖空。

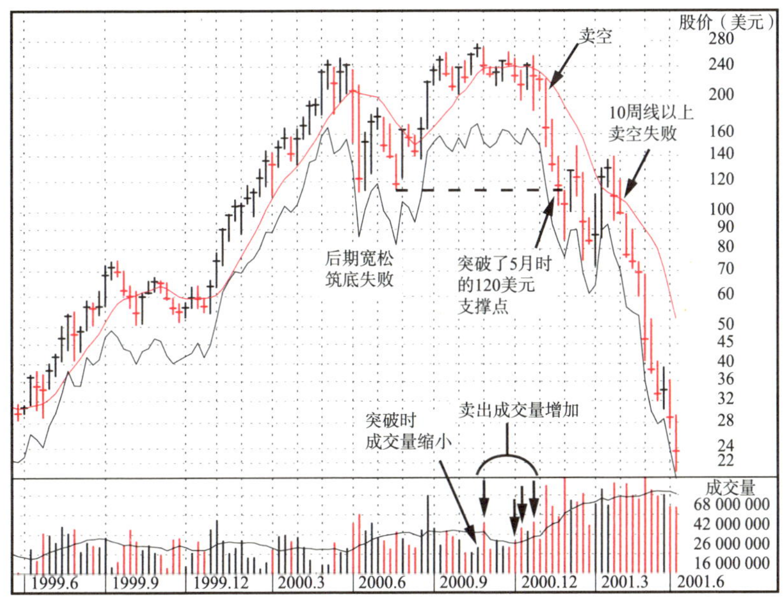

图 5-2　1999 年 6 月至 2001 年 6 月博通公司周线图

注：从成交量中找出博通公司的卖空时机。

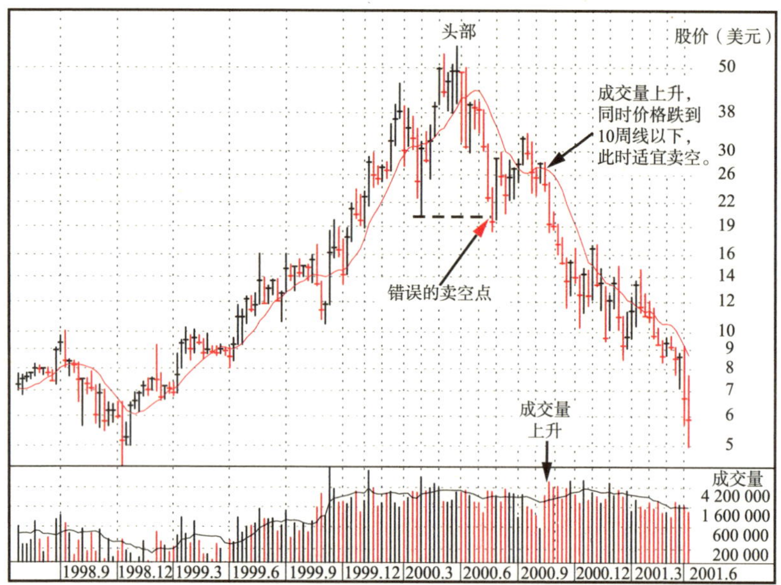

图 5–3　1998 年 9 月至 2001 年 6 月 C-cor.net 周线图

注：突破至 19 美元失利，右肩低于左肩。

图 5–4　1998 年 9 月至 2001 年 6 月 CMGI 周线图

注：CMGI 股价到达顶部后的第 9 周是最佳卖空点。

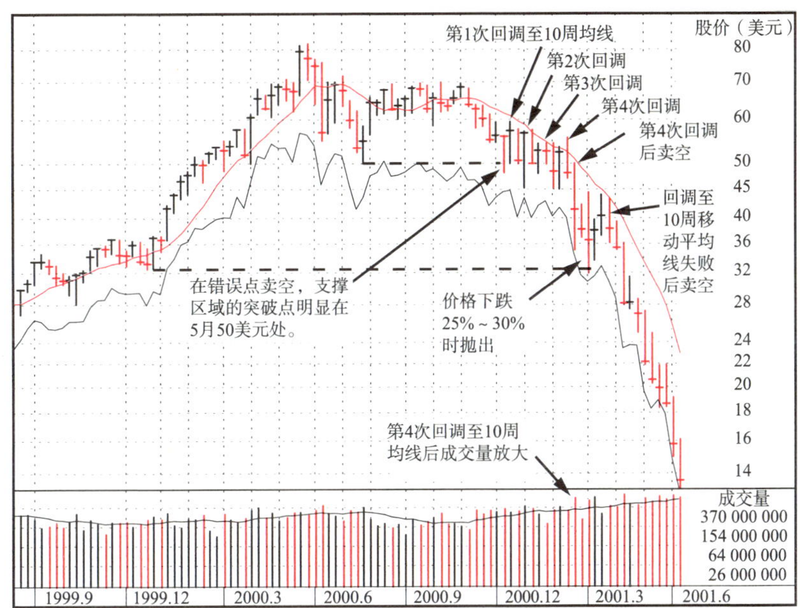

图 5–5 1999 年 9 月至 2001 年 6 月思科系统周线图

注：思科系统第 4 次回调跌破 10 周移动平均线时卖空。

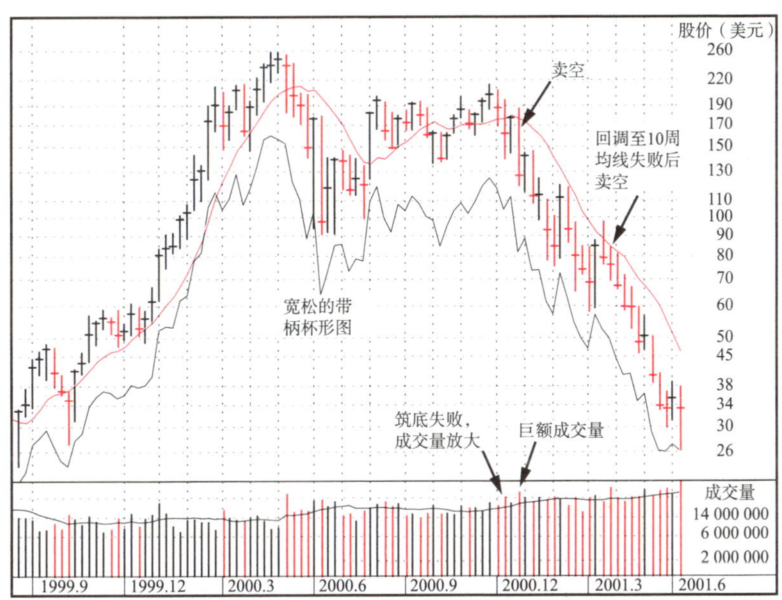

图 5–6 1999 年 9 月至 2001 年 6 月威瑞信公司周线图

注：成交量暗示着威瑞信公司筑底失败。

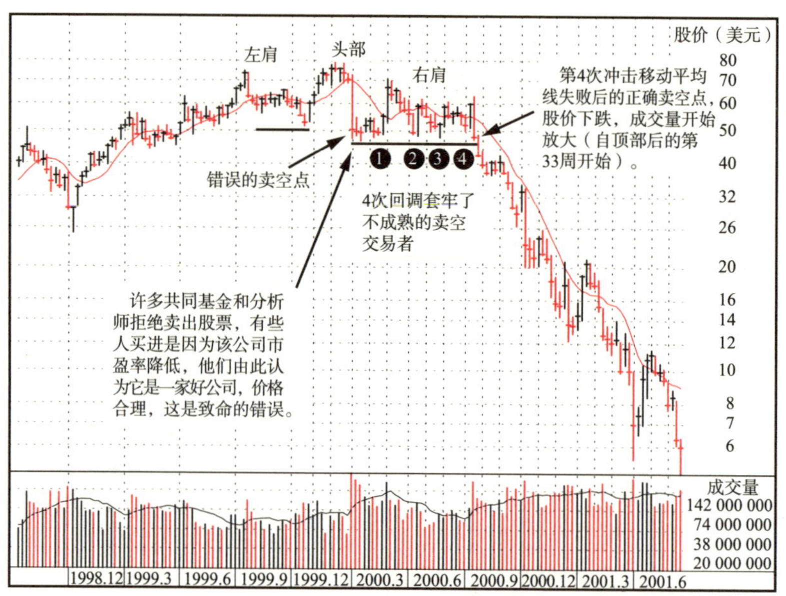

图 5-7　1998 年 12 月至 2001 年 6 月朗讯科技周线图

注：正确的肩型图是右肩低于左肩。

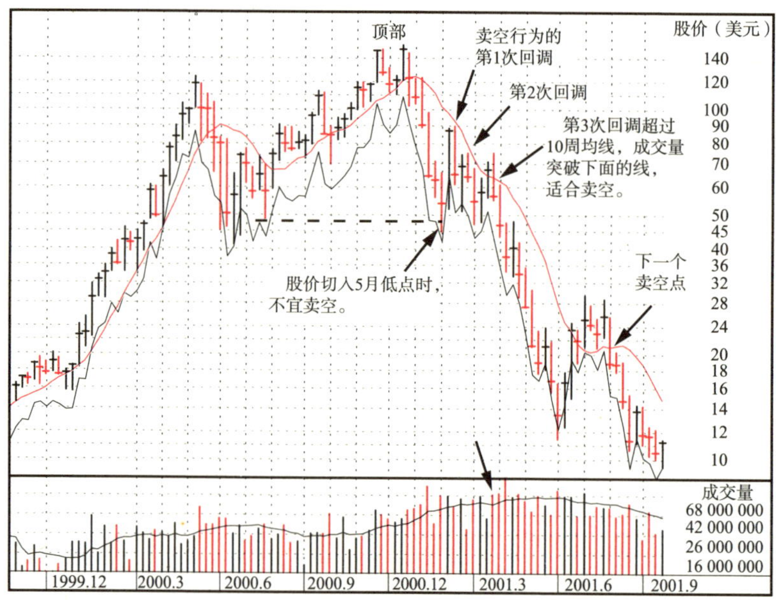

图 5-8　1999 年 12 月至 2001 年 9 月网络设备周线图

注：巨大的红色成交量表示发现了一只大领涨股的顶部。

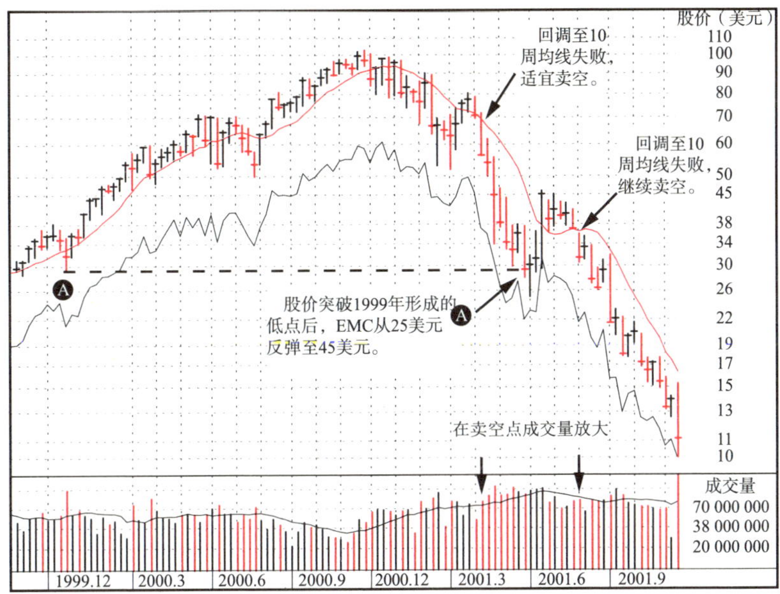

图 5–9　1999 年 12 月至 2001 年 9 月 EMC 周线图

注：一只大领涨股见顶后卖空。

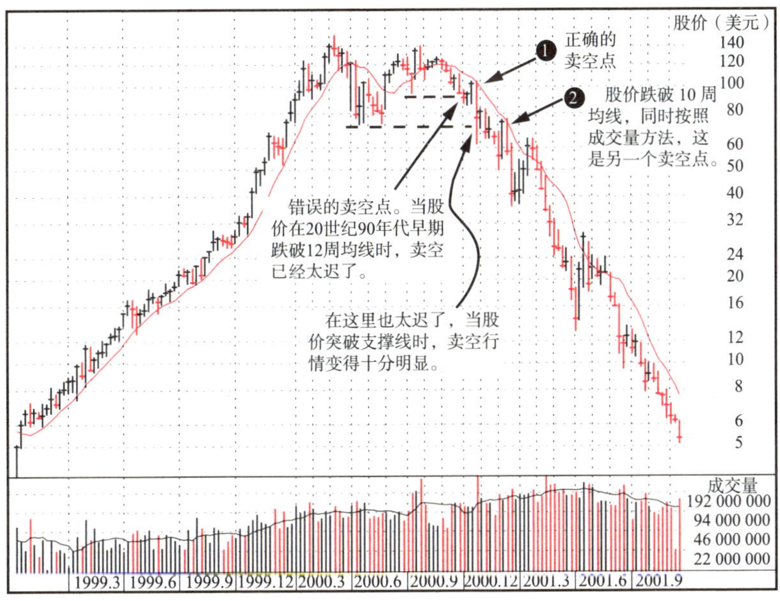

图 5–10　1999 年 3 月至 2001 年 9 月捷迪讯光电周线图

注：当所有人都对形势了如指掌时，别急着卖空。

图 5-11　1999 年 3 月至 2001 年 9 月雅虎周线图

注：图中可见股价明确下跌并反弹数次后的卖空。

资金分配

对证券投资组合管理，你还应该考虑投入多少资金在某一个特殊行业或集团的股票上。例如，分别投入多少资金给计算机行业、医疗行业和零售业？也许你不想在某个行业投入过多的资金，因为一旦那个行业突然出现利润下降或者震荡调整的情况，就会让你遭受不少损失。如果你买入的全是互联网或科技股，当科技泡沫破灭的时候，你就知道我所说的意味着什么了。当你决定在投资组合中放入多少个股的时候，你应该对投入到每一个工业集团中的资金做一定的限定。

我自己做的限定是 50%~60%，这个数字相当高，鉴于我已经做了多年的投资，因此我设限的幅度不值得你们效仿，大多数人应该设置稍低的限定。我知道你的想法，你也许认为这与我们前面谈到的集中投资的观点相悖，而集中投资是当你做出正确决策时能赚到大钱的关键。事实上也确实如此。但是，我必须再次申明，只要你有足够的经验，知道自己在干什么，并且愿意严格按照卖出原则来保护自己，你就可以出奇制胜。

如果你拥有最火热的行业里最好的股票，并且在这些股票上投入了不少资金，当你的收益上涨 50%~60% 时及时抛售获利，很好，你将安全无忧。然而，当高科技股蒸蒸日上，大多数人就无法合理处理集中投资于某个行业的问题了。这时，你必须加快脚步，因为你实际上已经暴露于巨大的危险之中。因此，我认为合理的限定应该是 25%~30%。

交易点拨

避免高科技股

那些高科技股比其他行业股票的不稳定性高出 2~2.5 倍。如果你集中在高科技股上投资，最终必将得不偿失。如果你是用保证金或者借来的钱投资，那就更糟糕了。

避开低价股

我在前面提到过一个原则：**不要在你的投资组合中放入任何低于平均价格的股票**。如果你在 50 美元的价位买入了一只股票，它却下跌到了 45 美元 / 股，此时你就绝对不要增持它。的确，有时候你可以幸运地脱身，但更多的时候，你要和它进行长久的拉锯战。从长远来看，运用数学方法来计算和估计投资额度并不像你想象的那么有效，你迟早会遭受重创。

你要小心提防那些不称职的股票经纪人，他们会建议你买入低于你最初购买价的股票。实际上，他是在教你将钱投到垃圾股上。如果你碰到了这种情况，就再去找一个更聪明的经纪人吧。对某些人来说，向你推荐一只股票很容易，或者你也认定这只股票现在买入的时机更好，而让他承认这是个错误的决定就难了。当错误犯下的时候，你不得不抛出股票以减少损失。经纪人即使心知肚明也很难向你指出这点，因为这是他们的客户最不想听到的事实。精明的专业投资者会在股票价格高于平均价格时买入，而不是低于平均价格时买入（见图 5-12）。

图 5-12　2000 年 6 月至 2001 年 9 月太阳微系统周线图

注：不要在股价下跌时买进、不要在平均水平下买进、止损要迅速，否则这样的情况会发生在你身上。太阳微系统在 2002 年股价跌至 2.34 美元，跌幅达 96%。

然而，不要困惑于平均买低法。在股票上涨一些之后，你需要增持那些回调的股票。例如，当你买入的股票冲出一个适当的底部，从 50 美元上涨到 57 美元，接着回调到 53 美元或 54 美元，在 10 周移动平均线上下波动时，成交量大幅放大。这表明它并不是平均买低法（你第一次买入的价位是 50 美元），而是在平均买高法。你要牢牢记住：**永远不要在某只股票上投入过多的资金，除非它第一次的上涨幅度特别出色。**一般来说，在一只杰出的领涨股冲出底部，进行一两次相对 10 周移动平均线的价格回调之后，你可以通过增持来摆脱不利的投资。

对投资组合进行高质量的专业管理的另一个有效法则是，避开那些低价股或者成交量很小的股票（平均日成交量非常低）。再强调一遍，凡事有例外，但是一般来说，任何东西的售价都代表了它当时的真实价值。一只每股 20 美元的股票就值 20 美元，一只每股 10 美元的股票就值 10 美元，一只每股 5 美元的股票就值 5 美元。大多数价格为 2 美元 / 股或 5 美元 / 股的垃圾股大幅上涨的可能性是非常低的，之所以降到那么低的价格，是因为它在最初阶段出现了某些问题。通过对比，我们发现每股 50 美元、75 美元或者 100 美元的股票之所以达到了这样的高价，是因为它们曾经比较成功。在一个正常的牛市行情中，这样的股票再创新高的概率非常大。

如无意外，大的机构投资者不会以 2 美元 / 股的价格买入几百万股的某只股票。虽然他们有大量的资金用来投资，但肯定不愿意插手一只流动性差、卖不出去或保荐人级别较低的垃圾股。如果你持有一只每股 2 美元或 5 美元的股票，当它出现问题的时候你将它转手卖给谁呢？在你周围，一定没有多少专业投资者愿意买进这种类型的股票。如果你希望持股的公司背后有着庞大的、见多识广的专业买方力量和强大的保荐人做担保，你就必须在高质量、高价位的股票行列中去寻找这样的股票。你应该在一个行业里精心寻找最好的公司，而不是马马虎虎地做出一些糟糕的投资。

多年来，我遵循从不买入股价低于 20 美元 / 股的股票这一原则进行操作。有时，为了买入几只纳斯达克的股票，我会将标准降低到 15 美元 / 股。但是，我总是试图避免那些我认为是低质、廉价的股票板块，在我看来，它们和垃圾股差不多。所以，《投资者商业日报》将价格低于每股 10 美元的股票单独列出来，这样它们就不会和那些价高、质优的股票混淆在一起，当你查看更重要的主要股票表格时，就能为你节省不少宝贵的时间。

天性使然，人们总是认为只要买进更多低价股进行交易，赚钱就会更快。大多数业余投资者或新手就是这么想的，但是实际上并非如此。你真正交易的股票明显存在很强的投机性，这些股票缺乏相应的记录证明它的盈利能力，也缺少机构保荐人，因此持久大幅上涨的可能性是很小的，而发生巨额损失的风险却在逐渐增加。我曾见过许多其他领域的聪明人，他们总是不能认识到这一点，也无法改掉这一恶劣的赌徒习性。

不要考虑你购买股份的数量，你需要考虑的是：“我有这么多资金用来投资，我要将这些资金投入到我能找到的最好的股票上面。”当然，最好的股票往往不会只卖 5 美元 / 股或 10 美元 / 股。如果你不打算买 5 美元 / 股的股票，你一定是想避开那些廉价股，它们实在是太糟糕了。

一些人在买进股票的时候，喜欢豪爽阔气的派头，可能不好意思让他们的股票经纪人买入的量不足一个整手或者 100 股，这些人需要克服这一虚荣心理。买入不到一个整手（少于 100 股）的高质量股票比买入 100 股甚至 500 股的低价股要好得多，将你辛苦赚来的钱投资到你所能找到的最好的股票上，这并非儿戏。投资是件严肃的事，最好量力而行，你能买得起多少股就买多少股，如果你只买得起 5 股、10 股或者 20 股，那么就按这个数量买入。

在 1997—2000 年间，50 只表现最出色的股票突破它们的初始底部，它们的股价中值是 46.78 美元 / 股。这些股票的股价中值在 61 周里上涨了 1 031%，在股价大幅上涨且市盈率膨胀幅度超过 100% 之前，1960—1995 年间表现最好的股票在最初突破点的市盈率的中值是当时收益的 36 倍。

资产配置

刚进入股市时，你不需要投入太多钱，一开始，我就是揣着 500 美元入市的。一段时间之后，如果你攒到了一些钱，就可以增加投资了。当你通过阅读和研究而学会如何更有效地投资的时候，你的资金也会及时增长。我同时也要奉劝你，**不要因为想赚快钱就去做过多的期权或期货交易，这类投资的杠杆效用太大了，过分强调它或者在这个领域过度交易会让你承担巨大损失的风险。**

像分散投资一样，另外还有一个重要的概念也得到了广泛的传播，仅从字面上我们就可以看出其中谨慎投资的意味，这个概念就是资产配置。但是在现实的执行过程中，以获取利润的方式来经营一个有价证券组合并不总是乐观的。显然，每个人都需要计算出他要用多少钱维持日常开销，多少钱用于紧急之需，多少钱用来储蓄，多少钱用以投资。普通股就像投资之巢里的一枚鸡蛋，出于对财富孵化的期许，他们还需要计算出多少钱用于普通股的投资。

但是，在投资顾问的催促下，许多投资者在投资这条道路上越走越远。顾问们不仅让你拿出一部分钱投资普通股，还让你拿出钱来投资优先股、债券、外汇资产和黄金等。

交易点拨

资产配置原则

分散投资的目的是：你选择的投资种类越多，资金就越安全。如果你是一个非常保守的投资者，这一原则对你而言有一定的价值。但是这样的投资最终只能得到一个非常平庸的投资结果。在适当的时候，如果你用经过证明有效的卖出原则能减少有价证券组合的风险，那么就没有理由需要分散投资于公司债券或债券基金。

把资产主要限制在普通股、现金或货币市场基金上，就可以让资产配置达到合理的状态，即资产配置简单化。在股市行情不佳的时候，可以通过卖出部分普通股套现，或者转移到现金或货币市场基金中来保护你的资金。这并不是说将你的股票投资资金从 55% 减少到 50%，并将你的债券投资增加 5% 或 10% 就万事大吉了。投资者在进行资产抛售时总会出现这样或那样的问题，可能是反应太慢，也可能是在错误的时机增加或减少了投资额度。此外，进行资产配置不能确保你在熊市中避开损失。如果你的有价证券组合中有 70% 是股票，之后减少到 60%，并且你正处于非常糟糕的熊市中，你仍然会损失惨重，因为这一调整幅度太小了，根本没有什么明显的区别。有些投资者在股市末期可能会减少资产配置，更多地向债券市场转移。然而，一旦股市最终触底反弹，并开始新一轮的主要上升行情，他们就无法及时地转回股票市场。因此，一个分散投资者必须做出两个正确的判断：股市何时会回调以及何时重新进入股市。

此外，一些投资者即使在牛市中也可能出人意料地遭受失败，投资外国的股票就很容易出现这种情况，投资黄金也是如此。你之所以长期持有黄金，是因为股市繁荣多年之后没有了进展，接着出现强劲的短期熊市然后又打住，在这种情况下，你认为黄金更保值更稳定。

如同分散投资一样，过度的资产配置也是对无知的一种掩饰。这里所说的无知并没有贬义，只是指投资者不知道如何更有效地投资。但是，投资者为了增加或保护投资成果，肯定会调整他们的资产账户，这个谨慎投资的理由早已被广泛接受，于是，顾问们如同拿到了尚方宝剑，开始向他们的客户提出各项投资建议。至于他们推荐的资产转移方法是否能让大多数投资者盈利，这取决于顾问投资公司所雇用的顾问或分析家的经验和实力。2002 年的一项调查推断，推荐资产配置方法的华尔街策略家们让人们大失所望。

经营一个更为集中的普通股投资组合也需要一些原则和技巧，因此你千万不要大意疏忽，犯下错误。牢记损益原则——将损益比保持在 1∶3，在股票下跌 7%~8% 时就卖出止损（很多时候这个比例甚至更低），在股票上涨 20%~25% 时卖出锁利。长期持有你手中几只真正的领涨股，并站稳脚跟，牢牢把持。

然而，偶尔有一些时候，当损失预计不会发生的时候，股票价格和你买入的成本相比却下跌了 15%~20%。如果出现了这样的情况，你就更需要果断地卖出股票，股票突然大幅下跌导致的反常损失，可能预示着这家公司正陷入真正严峻的问题之中。

许多投资者一旦遇到这样的事情就惊慌失措。他们决定等待股票反弹、股价回升，这样一来，就可以在最初预想的价位抛售，或者他们认为股票已经下跌了这么多，不会再进一步下跌了，或者认为损失来得如此之快，损失的金额如此之大，他们无法下手割肉。

投资者面对这种情况之所以患得患失、思前想后，是因为他们都没有领悟到自己诸多思虑的根源。在出现更严重的损失之前，一只股票下跌得越多,你就有越多理由为这种情况辩护。切记：星星之火,可以燎原。

另外，当你决定买进或卖出一只股票时，不管当时股票的成交价是多少，立即进行交易，否则就会错失买卖时机。如果你使用限价委托，主张股票必须以某个特定的价位被买进或卖出，当你错过了限定价格出现的那天，就无法卖出你想抛售的股票，也无法买进你想持有的股票了。你不是为了挤榨出股价上涨 25% 时能获得的那一点收益而进行投资的，你进行投资，是为了比那大得多的潜在收益。

交易点拨

抓住交易时机

当你决定买进或卖出一只股票时，不管当时股票的成交价是多少，立即进行交易，否则就会错失买卖时机。

需要避免的投资组合

有时，在管理证券投资组合的过程中，你不能做的事情和你要做的事情一样重要。下面有几个例子，供你参考。

市盈率、派息和账面价值

这些指标经常被人引用，但是在牛市里，我根本不会过多地注意它们。最好的公司一般来说市盈率都很高，而其他公司的市盈率则较低。（想想那些最好的篮球、足球或棒球明星的身价和薪水会是最低的吗？）关于市盈率，你知道这一点就够了。过去 50 年来表现最好的公司一直处于稳定成长状态，它们很少派息或从不派息，因为它们通常会将利润再投资，用于进行科学研究与试验、研发和推广新产品，以及扩张公司规模。如果一家年轻的中型企业在成长过程中就派发现金股息，那么后期它们就会通过借款来弥补现金缺口，这样一来，股东就要承担更多的利息成本。大多数推崇股息理论的经济学家好像永远都无法理解这一点。

股息只能从收益中扣除，所以你一定要经常考察收益。究其原因，股价上涨也是因为每股收益在增长，而不是因为公司派发股息。我曾与 600 多位大型基金的基金经理打过交道，在那段日子里，我从不过问关于一家公司股息的事情，我只关注其销售量与收益的增长、管理质量以及新产品的研发。实际上，**当一家公司最终开始派息或者增加股息派发率的时候，那些资深的基金经理人便知道这是一个警告信号，预示这家公司不会再成长了。**

想要盈利，你就应该考虑买进那些被证明是最好的且长期保持高品质的公司，拒绝那些前景暗淡、古板守旧的派发股息的公司，你根本别指望从后者那里获益。退一万步来说，就算你打算买派息股票，也千万不要买派息最多的股票，它们通常质量较差，并蕴藏着巨大的风险，因此表现不尽如人意。新的联邦法规定，股息收入所缴纳的税率有所降低，这对大多数年老退休的股息寻求者来说是额外的收益。

另外，你还需要努力找出账面指标与股票表现之间的紧密联系。

封闭式基金

一些投资者会将共同基金纳入其投资组合，他们很容易被封闭式基金所吸引。一般来说，这种情况我们应该尽量避免。封闭式基金不同于开放式共同基金，后者的流动资产价值无论出现什么情况，都有义务赎回。像股票一样，封闭式基金可以在交易大厅交易，它的成交价格是任意的。换句话说，如果一家公司的股票价格为 15 美元，多年之后股票价格可能会下跌到 7~8 美元，即成交价为原来的一半——这样的状况是极有可能发生的，没有任何行为能够阻止。

债券

就算是当股市低价吐货，而债券市场被当作“安全天堂”的时候，我也不会买债券。**我奉劝你远离所谓绝对安全的货币基金或政府债券。**你在股市中会遭受损失，在债券市场也是如此，无所谓真正的安全。在大萧条中，投入到债券市场中的财富一样蒸发殆尽，债券利率甚至跟不上通货膨胀率和税率调整的步伐。此外，投资债券还需支付佣金。

平衡型基金与行业基金

在大多数情况下也要避免投资这类基金。平衡型基金由于在股票和债券上都有一定权重的投入，因此其结果不尽如人意。行业基金和股票的表现类似：当某个行业蒸蒸日上的时候，行业基金会快速上涨，当这个行业表现不佳时，它们又会快速下跌。比如，如果你买了一只高科技基金，短期内你可能会获得较好的收益，但是当高科技板块陷入困境的时候，你便会遭受惨重的损失。要想获得长期的保护，你必须分散投资于广泛的工业交叉板块的共同基金或指数共同基金，而这正是行业基金无法做到的。

外国股票

这类股票也无法吸引我。美国股市上有成千只可靠的本地公司股票，如果你在这里还找不到一只中意的股票，那么你在法国、德国、中国香港或巴西等其他股市也不可能找到。此外，你了解这些地区的货币或政府的政策吗？比如，这些地区鼓励新兴企业的出现和成长吗？你又该如何密切关注外国股市的动向呢？

也许以上大多数观点都违背了你从“专家”那里听到的建议。但是你必须认识到，一旦它出现在股票市场，大多数人的想法和常识性的判断就会完全失效。绝大多数投资者的投资结果都不理想，这是因为他们没有做充足详尽的准备工作，来真正发现或理解现实的投资原则。

当你去就诊时，你能够判断自己的医生是否权威——他是否接受过良好的训练，使用的方法是否经过验证。向你推销股票的投资顾问通常既聪明、有学识，又能言善道。但是，与医生不一样的是，他们可能没有多年专业、成功的股市经验，也没有接受过分析有价证券的训练。另外，股市本身比人们想象的要复杂得多。因此，想要找到一个长期稳定地为你提供合理建议的杰出专家，不是那么容易的事。一个投资顾问需要大量客观辛苦的实践、研究和训练，才能达到专家的水准。

当然，在这个行业中，也有许多致力于此且有能力的合格投资专家，但即便如此，你也不能一味地信任他们。你必须进行审慎的调查，除了了解公司的研究报告，还要不断地咨询公司的投资信念、投资方法、投资策略、想法的来源以及分析能力等。你还需要学习和充分了解投资领域的情况，以分辨哪些是合理有效的建议。大多数投资者与投资专家打交道时，从咨询到采纳建议所花费的时间和脑力，远少于他们买一台洗衣机或汽车所花费的时间和脑力。

如果《投资者商业日报》付费版里的一只或多只股票正在你的股票经纪人关注范围内，你就可以暗自放心了。在全天进行的授课中，我们训练投资者如何读懂图表，如何遵守基本的买进和卖出规则。如果你的股票经纪人反复读过我们出版的关于股市的 3 本书里的至少一本，那么你的优势就会更加明显。

你也应该了解一下你的股票经纪人的阅读习惯，他是否愿意主动订阅《投资者商业日报》，还是仅仅偶尔随便翻翻办公室里的复印件。你肯定希望你所雇用的股票经纪人展现过人的专业技能和知识，并且拥有优秀丰厚的业绩。

佣金和税收

最后，让我们来简单地谈谈佣金和税收。“最好的”公司的股票经纪人买进和卖出股票收取的佣金可以等同视之。与你在购买大多数其他商品所付出的服务费用相比，股票交易所仅收取 0.5%~2% 的佣金，相较而言收费是很少的了。你在百货公司买的衬衫的价格要比它的成本高出 33%，在杂货店买的食品会高出 25%，家具和珠宝更是高出达 50%。当你买卖房地产的时候，房产经纪人在你买进和卖出时都要收取 6% 的佣金。与这些相比，投资普通股不仅仅是一种特权，也是一个机会，它的确相当划算。

不仅仅只有商业、艺术品或其他投资才有超强的流动性，股票也同样具备这一特性。只要学会了如何以及何时卖掉或买进股票，股市的流动性就会让你安全无忧。

税收也是许多投资者的一道门槛。许多人声称他们不想卖出股票，是因为他们不愿意为所得收益缴税。通常，如果他们将一只股票持有得过久，他们的担忧就不会再有了：他们不必为所得收益缴税了，因为股票在时间的长河里跌宕起伏，最后消耗殆尽，收益也不复存在了。你做出买进或卖出的决定首先要根据股票的情况，而税收应该是你次要考虑的问题。

要想获得极大的投资成功，你需要付出的一部分代价就是让美国政府参与你的收益分配。上缴你应该缴纳的赋税总比因赔钱而不需要交税，或者因逃税被税务部门诘责要好得多。

把交税看作有机会分享几百家杰出新兴公司的成功的一种特权，这样有助于转变你交税的态度。其他许多国家根本不给市民这样的机会，它们的政府也不鼓励企业家在国外建立新的公司。结果，企业家很难获得财政支持，因此这些国家总是没有什么好的公司值得投资。

下面是更深入的观察报告。

在牛市中，最聪明的头脑并不总是在纽约市分析家的团队中出现，在总部设于美国 10～15 个其他主要城市的顶尖证券经营公司也能发现他们的身影。实际上，你也只可能在波士顿、达拉斯、洛杉矶发现在当地注册的出类拔萃的证券机构，就像你在华尔街随处可见的一样。然而，有一个地方你找不到这些聪明的人物，那就是公立大学校园。虽然经济学院的教授都属于聪明绝顶的高智商人群，但是他们中很少有人能够真正理解股市的规律，很多人甚至从来没有经商成功的经历，因此缺少在股市中收获颇丰的经验。相反，他们总是喜欢坚持应用与现实股市并不匹配，甚至大相径庭的理论和学术理念。

有些大学教授提出了随机走势和有效市场理论，最后被证明只是象牙塔里的学术之谈，对实践毫无指导意义。很多年前，耶鲁大学教授提出了股息贴现模型和公式投资法。有人按照这些方法来进行操作，结果在新一轮牛市刚开始萌发时，就迫不及待地把股票大量抛出套现，随后只能对遥遥上涨的股价望而兴叹。但是，也有一些金融及投资学教授对待股市的态度既严肃谨慎又脚踏实地，并教授了我们曾讨论过的一些实用的投资方法。

选择优质股票

要想笑傲股市，诚实、道德感和谦虚等品德比自信和高智商更重要。你必须接受自己在股市中犯的错，并愿意去分析、讨论它。这就是需要我们全盘接受的一堂课，也会让我们在犯错后变得聪明。这也是为什么在投资领域中，女性可以和男性做得一样好，成就甚至在男性之上。从以前女性所创造的股市奇迹来看，她们不像男性那么固执己见，更愿意阅读各类投资书刊，更容易虚心接受和学习合理的投资方法。

经过多年锤炼，我做出了以下总结：要想从股市中选出优质的股票，60%~65% 依赖于对公司及其所在行业的每一个关键基本面的详细了解，35%~40% 则依赖于对图表和股市趋势的理解。这些年来，我持有的表现最好的股票，在盈利能力和销售量上都有大幅增长，同时利润率的增长也表现强劲，净资产收益率也非常高。以当时的基本指标来衡量，它们都是所属行业中最优秀的公司，市盈率比一般股票高出许多。我最初之所以关注这些股票，可能是因为被它们的图表或市场表现所吸引。但是，如果离开了强劲的基本面、靠得住的机构保荐人和敢于创新的产品或服务作为支撑，这些股票的表现也不会如此令人瞩目。

交易点拨

如何选优质股票

要想从股市中选出优质的股票，60%~65% 依赖于对公司及其所在行业的每一个关键基本面的详细了解，35%~40% 则依赖于对图表和股市趋势的理解。

你做的所有额外工作和付出的一切努力，最终都将得到回报。通过不断的学习和观察，你掌握了所有重要的小细节，从而增长了知识，提高了技能，这正是投资成功与接近成功的区别所在。

下面，我随机挑选出了几家过去曾经表现抢眼的公司的图表，它们总是出现在美国股票市场里。一旦你学会了如何运用现实的股票经营方法和原则进行投资，你就会发现这些股票的惊人潜力。

辛特克斯公司（Syntex）是我持有的第一只真正的大赢股。我是在1963年7月买进它的，6个月后卖出。我不知道当时还有没有其他人买进它，因为它的股价看起来太高，所有投资者都被吓到了。当时它的股价已经翻番，创下了每股100美元的新高（图表已根据1∶3的拆股进行调整），而它的市盈率也达到了45。当股价蒸蒸日上的时候，这家公司却被几件官司缠身，因为有人起诉其产品会引起乳腺癌。尽管如此，这家公司的销售量和盈利却一直在快速增长，因为它生产的口服避孕药改变了整个社会，具有革命性的意义（见图5-13）。

美国海洋集装箱公司（Sea Containers）的股票图呈现了一个完美的带柄杯状图形。当它的价格上涨50%的时候，它在前4周的成交量也明显放大，这正是一只好股票的典型特征。注意当价格回调时，柄状区域的成交量近乎枯竭并且会持续几周（见图5-14）。

图 5-13 1962 年 9 月至 1964 年 3 月辛特克斯公司周线图

注：高位并不总是高位，有时候它是低位。

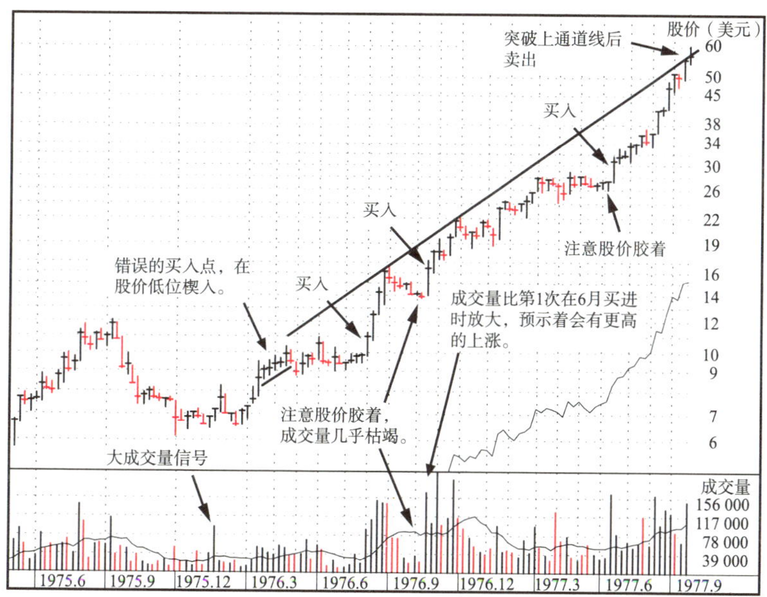

图 5-14 1975 年 6 月至 1977 年 9 月美国海洋集装箱公司周线图

注：美国海洋集装箱公司经典的带大柄杯状图。

交易点拨

多个底部多个买入点

好股票就是那些股价上涨的股票。因此，如果你错过了第一个适当的买入点，一定要耐心等待。如果它是一只真正的好股票，就会立即形成另一个底部，并给你一个新的买入点。

The Limited 女性零售商店的火热，得益于更多女性进入股市投资。它是 20 世纪 80 年代人人都想拥有的领涨股。直到 1987 年，形成最后一个阶段的假底之前，它成功地筑成了一系列的底部（再次强调，所有的图表都是经过拆股除权处理的，The Limited 的初始股价实际上是 27 美元 / 股，而不是图表中显示的 9 美元 / 股）（见图 5-15）。

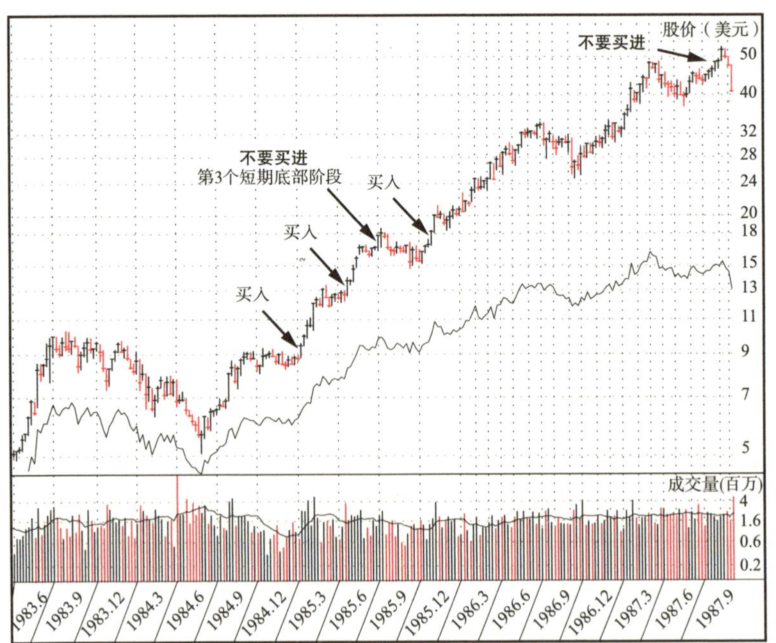

图 5-15　1983 年 6 月至 1987 年 9 月 The Limited 周线图

注：这是一个 79 周带大柄的杯状图，The Limited 在 113 周内股价涨幅为 420%。

天使冰王（TCBY）是一只令人激动的新股，它对乳果雪糕店进行了快速的资本扩张，并在 1984 年掀起了一股乳果狂热。即使在 1985 年的最后一个季度，10 周杯状图形出现后买进它，也能获得不菲的收益。这个例子再次证明，在大多数人看来是难以接受的高价，实际上仍然是低价（见图 5-16）。

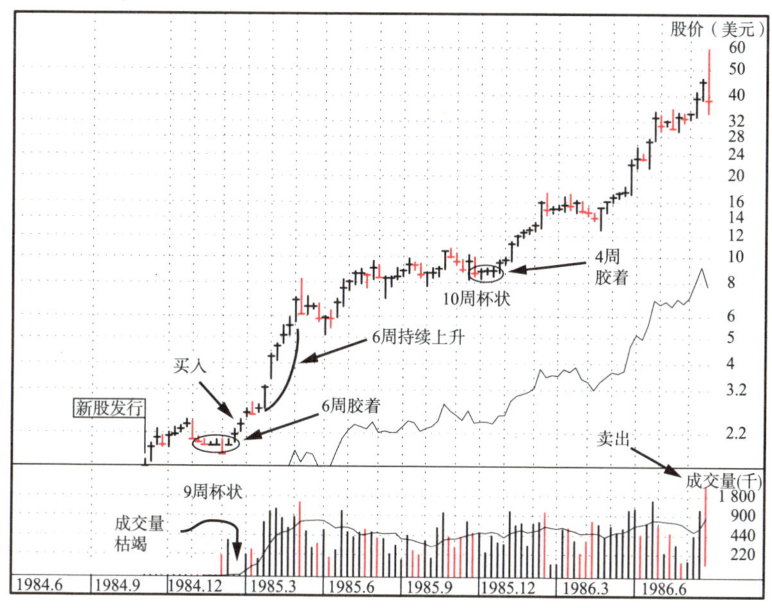

图 5-16　1984 年 6 月至 1986 年 6 月天使冰王周线图

注：天使冰王 1984 年的 9 周杯状图，股价涨幅超过 20 倍。

开市客（Costco）是我错过的一只好股票，对此我没有任何借口为自己开脱；除了我持有长达 3 年半的普赖斯（Price Co.），这是另外一只表现卓著的股票。开市客公司的创始人之一，詹姆斯 · 西奈格（James Sinegal）起初与在圣迭戈开创仓储式商店概念的索尔 · 普赖斯（Sol Price）一起共事，几年后，西奈格以开市客为公司名称，在西雅图创办了同样风格的仓储式商店。对于这个潜力巨大的公司，要保持警惕并密切关注它在最后几年成为领涨股并稳步上升的机会（见图 5-17）。

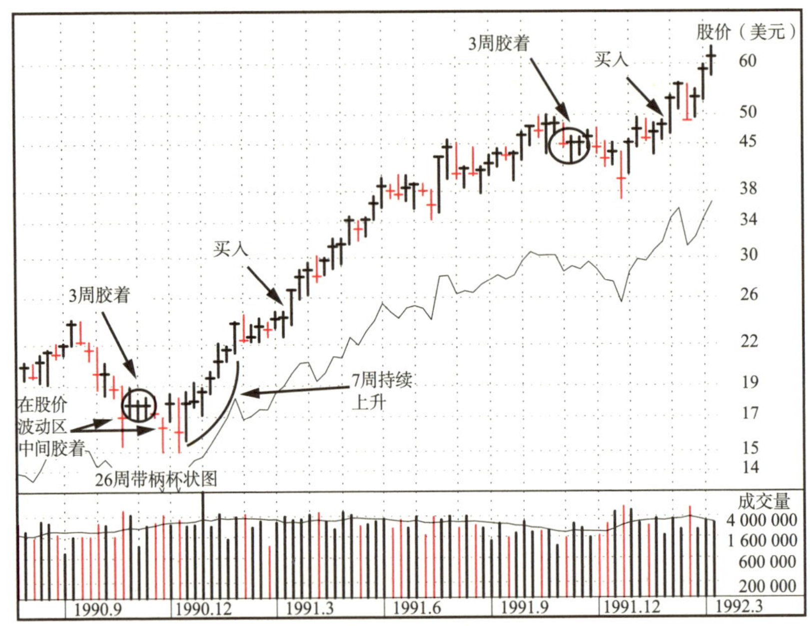

图 5-17　1990 年 9 月至 1992 年 3 月开市客周线图

注：图中可见开市客受普赖斯公司股价巨幅波动的影响。

下面以另一个持续发力的股票为例进行简单阐述。几年前，在计算机行业，苹果电脑是最初的领导者，然后康柏电脑后来居上，之后戴尔公司以其全新的个人计算机订购直销理念成为当之无愧的行业老大（见图 5-18）。

国际游戏科技公司宣布回购 10% 的股票，几个月后它又大胆地进行第二次 10% 的回购，此时，就给出一个显而易见的信号。它的新型计算机化游戏机让它的股价匪夷所思地上涨了 15 倍（见图 5-19）。

甲骨文公司在经典的上底形态筑成之前，已经确立了自己作为数据库软件领导者的地位，注意它在爆发上冲之前的第二个底部附近 4 周的密集情况（见图 5-20）。

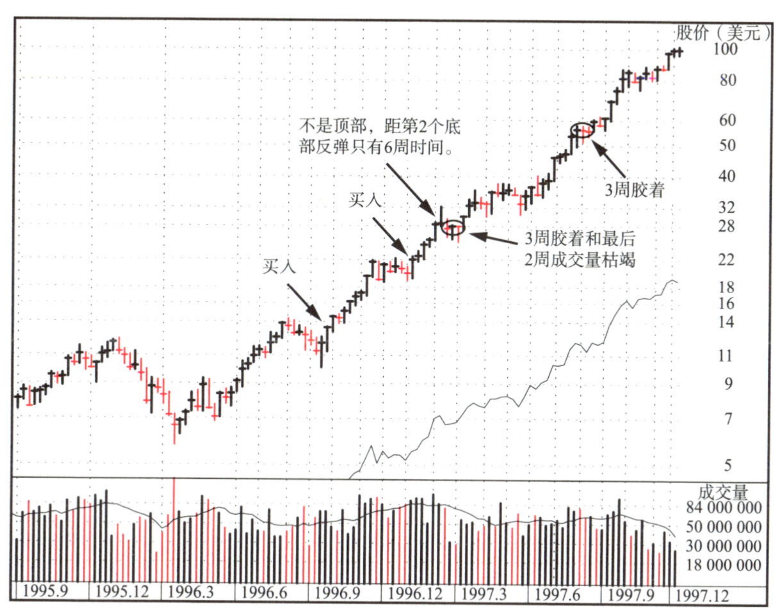

图 5–18　1995 年 9 月至 1997 年 12 月戴尔电脑周线图

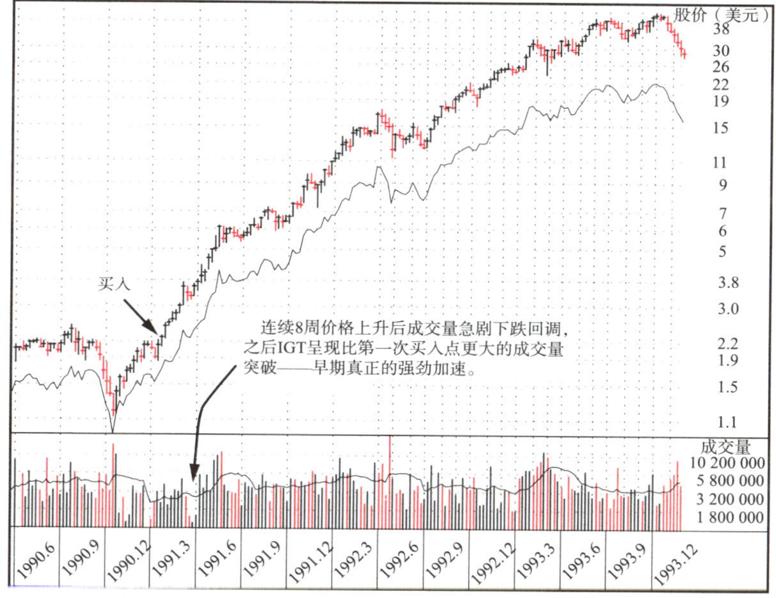

图 5–19　1990 年 6 月至 1993 年 12 月国际游戏科技公司周线图

注：20% 的股票回购导致价格上涨 15 倍。

图 5-20　1998 年 9 月至 2000 年 3 月甲骨文周线图

注：带柄杯状图后面跟随的是一个平的底上底。

普赖斯公司是普赖斯会员店（Price Club）的持有者，它是我持有的另一只大赢股。我在 1982 年第 2 个季度首次买进它的时候，它还只有两家商店。普赖斯在股市的出色表现持续了 3 年半，直到公司扩张到东海岸，以至将管理战线拉得过长，股价才回落。普赖斯公司是最初的领导者和营销新理念的改革者，这一切在好市多公司身上得到了继承和发扬，普赖斯公司的净资产收益率达到了 55%，这十分惊人（见图 5-21）。

如果你选对了股票，并及时买进，你将看到，在刚刚买进后，股票会短期上扬，这是给你的一点铺垫。一个好的铺垫会给你留出一定的余地，让你在第一次买进之后再增持少许。如果一些媒体认为某只股票的市盈率过高而试图压制和阻碍它的走势，一个好的铺垫也能让你避开利害，安全过渡。当这种现象出现在一家收益和销售量稳定增长的杰出公司身上，由此产生的恐慌性抛售通常只会持续两个小时到两天，并且在很多情况下，它反而为那些明智的投资专家创造了一个合理的买入机会。

图 5–21　1981 年 6 月至 1983 年 6 月普赖斯公司周线图

注：普赖斯公司双重柄式底引起股价上涨 1 293%。

一些常识性的观点、不合理的个人建议和唱反调的人都被证明是幼稚的，历史上这样的例子比比皆是。

杜维恩勋爵（Lord Duveen）在许多年前通过买卖油画大赚了一笔。他先买进在大多数人看来价格被高估的欧洲早期绘画大师的一类油画作品，然后以更高的价格将其卖给美国的新兴企业家，如亨利·福特。批评家们都认为美国有线新闻网（CNN）的特德·特纳（Ted Turner）为购买米高梅公司（MGM）的电影资料库而出价太高，结果他却因此让公司的资本得到了持续积累。

英国的投资者曾认为，托马斯·爱迪生用他现有的方法不可能制造出灯泡，莱特兄弟认为人类能像鸟一样飞翔的想法是疯狂

> 的，比利·米切尔（Billy Mitchell）对空气动力学的美好未来判断是错误的；海军认为砾石承建商亨利·凯泽（Henry Kaiser）不可能知道如何建造船只，亚历山大·格雷厄姆·贝尔想要把他的新发明——电话的部分所有权提供给西联（Western Union）的主席，却被拒绝了："这个玩具虽然有趣，但我能用它来做什么呢？"威廉·亨利·苏厄德（William Henry Seward）以700万美元购买了俄国一块冰雪覆盖的土地，这块土地就是现在的阿拉斯加，而当时人们认为他为毫无价值的东西支付了不可思议的高价是愚不可及的。

要想笑傲股市，你需要做详尽的准备工作，评估你所能掌握的一切相关事实，这样你才会对自己充满信心。**不管其他人的观点多么强势或者被广为接受，也不管观点的源头或传播的媒体多么权威，你都不能动摇。**

我相信历史和事实，而不是小道消息。在真实的历史和事实里，总有一些股票引领着近年来每一轮的牛市和经济复苏，而在这些年里，美国的经济得到了高速的增长，社会发展也前所未有地突飞猛进。

注意观察表格中透露的信息：大多数公司在这一轮的经济周期中是佼佼者，而在下一个周期，它们就被拉下了神坛。还要注意观察每一轮经济周期的领航者所拥有的新产品、高市盈率或每股收益增长率。最近，在国家的发展中，IPO 融资是一个非常重要的因素，自 1970 年来尤甚，但是派息并不是重要的因素之一（见表 5-1）。

表 5-1 经济周期领航者

公司名称	公司类型	增长率（%）	成立时间	成立股份制公司年份	IPO 年份	每股收益	股息分红（%）
			1982—1986 年				
Adobe Systems	新型制图印刷软件	482	6 年	1983	1986	66	无
电路线	新电子折扣商店	1 971	4 年零 3 个月	1949	1986	298%	0.7
康柏电脑	新的更快、更小的便携式电脑	378	11 个月	1982	1983	98	无
开市客	美国零售商店	700	3 年零 3 个月	1983	1985	92	无
Duquesne Systems	新 IBM 软件	725	2 年	1970	1984	88	无
Emulex	新磁盘控制器	410	8 个月	1979	1981	66%	无
福特	新管理转型	173	1 年	1919		158%	无
富兰克林研究	新共同基金公司	750	1 年零 3 个月	1969	1983	92	1.0
基因技术（Genentech）	第一个生物制药公司	277	6 个月	1976	1979	82	无
吉列	高质量的世界品牌	279	3 年零 9 个月	1917		72	1.4
家得宝	新家居折扣中心	938	1 年零 3 个月	1978	1981	140%	无
世界之王（King World）	企业组织新游戏：财富与风险的轮回	300	1 年	1984	1984	89	无
莱德劳运输（Laidlaw）	学校巴士	567	2 年零 9 个月	1979	1983	75	无
The Limited	职业女性的衣橱	467	2 年零 9 个月	1963	1973	79	0.9
Liz Claiborne	职业女性的衣橱	2 820	4 年零 9 个月	1976	1981	33%	无
马里恩实验室（Marion）	新型药品	176	10 个月	1952		7%	2.0
默克	处方药	270	1 年零 9 个月	1934		79	2.8
网威公司（Novell）	新局域网软件	100	5 个月	1983	1985	99	无
普赖斯公司	新仓储式商店	1 293	4 年	1976	1980	43%	无
锐步	网球鞋、有氧运动鞋、跑鞋	262	4 个月	1979	1985	97	无
天使冰王	特许乳果蛋糕店	2 290	1 年半	1984	1984	99	无

续表

公司名称	公司类型	增长率（%）	成立时间	成立股份制公司年份	IPO年份	每股收益	股息分红（%）
沃尔玛	新折扣连锁超市	957	3 年	1969	1971	40%	1.1
			1988—1997 年				
Alliance Semi 公司	个人电脑半导体生产商	589	11 个月	1985	1993	66	无
美国在线	新媒体，类似于互联网	647	1 年半	1985	1992	90	无
美国电力公司	专供个人电脑的不受干扰的电力	808	1 年零 9 个月	1981	1988	99	无
爱默生	为癌症病人研发的新生物制药	680	1 年零 9 个月	1980	1983	94	无
Apple South 公司	苹果蜂号旗下的宾馆	463	1 年零 3 个月	1986	1991	96	0.1
Ascend 通信公司	新局域网和广域网存取设备	3 206	1 年零 9 个月	1989	1994	91	无
卡拉威高尔夫公司	大型 Bertha 俱乐部	333	11 个月	1982	1992	99	无
思科系统	新路由器和互联网调备	74 445	9 年半	1984	1990	99	无
眼镜蛇高尔夫公司	高级高尔夫俱乐部	156	6 个月	1978	1993	99	无
戴尔电脑	新电脑订购商	2 973	2 年半	1984	1988	55	无
数码转换	新电信服务协调商	584	8 个月	1976	1980	-106%	无
EMC	新电脑存取设备商	500	1 年	1979	1986	90	无
国际游戏科技公司	新型微处理游戏	1 567	2 年半	1980	1981	91	无
科尔士	新折扣百货商店	177	1 年半	1988	1982	67	无
国际医疗护理	外科医疗护理中心	627	3 年	1981	1983	69	无
水星资产管理公司	为新车和旧车提供金融服务	424	2 年零 9 个月	1984	1989	98	1.8
美光科技	动态随机存储器（DRAM）和静态随机存储器（SRAM）	300	7 个月	1978	1984	99	0.4
微软	新计算机软件	13 847	10 年	1981	1986	95	无

续表

公司名称	公司类型	增长率（%）	成立时间	成立股份制公司年份	IPO 年份	每股收益	股息分红（%）
新剑桥网络	各种新的网络产品	699	11 个月	1986	1989	81	无
仁科公司	新的人力资源管理软件	395	1 年零 3 个月	1987	1992	99	无
圣·尤德医疗公司	心脏瓣膜修复	400	2 年零 3 个月	1976	1977	85	无
Surgical Care Affiliates 公司	外科医疗护理中心	1 636	2 年零 9 个月	1982	1983	93	无
泰乐公司	数据交互与网络	1 074	2 年零 3 个月	1974	1980	77	无
Three Com	计算机网络	286	1 年零 3 个月	1979	1984	97	无
美国医疗保健（US Healthcare）	新健康维护组织	125	6 个月	1982	1983	90	无
联合健康（United Healthcare）	新健康维护组织	384	1 年零 3 个月	1977	1984	91	0.1
雅虎	网络运营商	7 443	2 年半	1995	1996	52	无
Business Objects 公司	新数据库软件	535	8 个月	1990	1994	95	无
			1998—2000 年				
Biogen 公司	新生化医药	330	1 年半	1978	1983	71	无
嘉信理财	第一在线折扣经纪人	439	6 个月	1971	1987	91	0.3
Checkpoint 软件	数据库软件	1 142	9 个月	1993	1996	97	无
康维科技	新电话硬件提供商	606	1 年零 3 个月	1984	1986	96	无
易趣	新网络拍卖商	1 070	6 个月	1996	1998	53	无
伊泰克动力	光纤设备	507	6 个月	1983	1998	99	无
网域存储技术公司	新网络储存设备	517	4 个月	1992	1995	98	无
诺基亚	手机制造商	800	2 年	1967	1994	95	无
甲骨文	新数据库软件	274	5 个月	1977	1986	95	无
PMC-Sierra 公司	新半导体	1 949	1 年零 3 个月	1983	1991	51	无
QLogic 公司	外围设备集成线路	3 351	1 年零 9 个月	1992	1994	68	无
高通	新手机系统	2 567	1 年	1981	1991	79	无
RE Micro 设备	无线通信集成电路	3 224	1 年半	1991	1997	68	无

续表

公司名称	公司类型	增长率（%）	成立时间	成立股份制公司年份	IPO 年份	每股收益	股息分红（%）
SDL Inc 公司	光纤设备	3 631	1 年零 3 个月	1983	1995	92	无
西贝尔系统公司	新营销软件	420	7 个月	1993	1996	99	无
太阳微系统	新网络设备生产商	688	1 年半	1982	1986	94	无
Uniphase	新光纤设备	2 016	1 年零 3 个月	1979	1993	90	无
维尔软件	新安全软件	1 097	1 年零 3 个月	1982	1993	99	无
Vitesse Semi 公司	网络设备高速芯片	535	1 年零 3 个月	1987	1991	98	无

注：1.“每股收益”若为百分比显示的是前两个季度每股收益平均增长率；此列若为数字显示的是每股收益等级，由威廉·欧奈尔公司评级，99 为最高等级。

2.在每一轮的股市周期里，有 75% 的领导者是成立于前 10 年的新公司，80% 没有股息分红，收益增长是股市领导者的内在驱动力，而不是股息分红。

What 80 Million People Need to Know to Invest Profitably and Avoid Big Losses

第二部分
股票买卖三大建议

- 投资建议 1　运用 CAN SLIM 法则甄别成长股
- 投资建议 2　运用 CAN SLIM 选股金律投资
- 投资建议 3　熊市里需谨记的智者警言

投资建议 1

运用CAN SLIM法则甄别成长股

作者：约翰·巴耶克沃斯基[1]

去掉各种吸引眼球的名号，剥去华丽的外衣，只用几个简单的、易于记忆的缩略词，便组成了CAN SLIM，它甚至胜过一份仅提供初步分析信息的商业日报。运用它，你就等于掌握了大众投资策略的秘籍。CAN SLIM法则是《投资者商业日报》的发行人——威廉·欧奈尔在其著作《笑傲股市》中提出来的。在该书中，他是这样描述的：CAN SLIM法则是牛市或熊市的制胜之道。

《笑傲股市》第二版介绍了一种选股方法。这一方法是通过对

① 《投资者商业日报》经美国个人投资者协会2003授权转载。

1953—1993 年期间股票市场的 500 个最大赢家们予以调查研究而总结出来的。该书中所描述的 CAN SLIM 选股方法，是通过总结那些大赢股在其股价大幅上涨之前所具有的特征而形成的。近年来，威廉·欧奈尔又逐渐拓展了他的研究对象，由原来的 500 家公司扩大至 600 家，并且这 600 家公司在 1953—2001 年期间的发展势头都很强劲。通过扩大研究，他修订了 CAN SLIM 法则的一些参数。《笑傲股市》第三版已于去年出版，该版本就详细载明了修订后的 CAN SLIM 法则（见表 6-1）。本章着眼于从 CAN SLIM 法则的变化以及其对 AAII 股票筛选系统——专业的股票投资者的应用方面来介绍 CAN SLIM 法则。此外，2003 年 3 月、4 月号的《计算机化投资》也介绍了在利用互联网股票筛选系统时，如何运用 CAN SLIM 法则来甄选股票。

表 6-1　CAN SLIM 法则修订版

	第三版	第二版
	C= 当季每股收益：越高越好	
第一要素	与前一年同季度相比，当季每股收益应表现出较大额度的增长（至少增加 18% 或 20%）	两版一致
	忽略公司的一次性额外收益	两版一致
	寻找当季每股收益加速增长的公司	两版一致
第二要素	寻找当季销售额增长 25% 或者至少前三季度销售额呈加速增长的公司	第三版新增
	至少应在同类股票中找到另外一只季度收益呈强势增长的股票	两版一致
	A= 每股收益年度增长：寻找显著的增长	
第一要素	每股收益的年度复合增长率至少应达到 25%	在过去的四五年内，每股收益的年度复合增长率至少应达到 25%
	在过去 3 年，每一年的每股收益都应有显著增长	在过去 5 年，每一年的每股年收益都应比上一年有所增长

续表

	第三版	第二版
第二要素	舆论所估算的下一年每股收益应高于当年	两版一致
	股本回报率为 17% 或更多	第三版新增
	寻找每股年度现金流转高于每股实际收益至少 20% 的股票	第三版新增
	在过去 3 年，每一年的每股收益都应保持稳定和一致的发展态势	在过去 5 年，每一年的每股收益都应保持稳定和一致的发展态势
	N= 新产品、新管理层、股价新高：在恰当的时间买进	
第一要素	寻找拥有新的主导产品或服务、新的管理层，或锐意进取、对企业实行积极改革的公司	两版一致
第二要素	寻找巩固期后，股价接近或创造新高的股票	两版一致
	股价上升时，成交量大幅放大	
	S= 供给与需求：股票的杰出表现加上大量的成交量需求	
第一要素	在 CAN SLIM 体系下，可以买进任何类型的股票	在其他条件均相同的情况下，发行数量较少或合理的小型股，通常比那些成熟的大型股表现良好
	股市的天平在小型股和大型股之间轮番倾斜	
	在两种股票之间进行挑选时，小型股的股价应该比大型股上升得快，但下跌得也同样快	第二版更偏重限制流通股
第二要素	被高级管理层高比例持有的股票，通常前景光明	两版一致
	寻找在公开市场买进自己股票的公司	两版一致
	寻找债务与资本比率较低的公司以及过去几年，债务与资本比率一直在降低的公司	两版一致
	L= 领涨股还是滞价股：你选哪一只	
第一要素	选择在强势发展的行业集团中表现最好的两只或三只股票买进	两版一致
	运用相对价格强度来分辨领涨股与滞价股——相对价格强度等级低于 70 的是滞价股，应避免买进	两版一致
第二要素	寻找相对价格强度等级等于或高于 80，且股价走势呈底部形态的公司	两版一致，但第三版更强调有限制地买进相对价格强度等级为 80 或更高的股票
	在股市调整时期，不要买进那些低于平均表现的股票	两版一致

续表

	第三版	第二版
	I= 机构投资者：紧随股市高手	
第一要素	寻找至少拥有 10 个机构投资者的股票	两版一致
	审视持股者的素质——寻找至少为一个或两个精明能干的组合基金经理所持有的股票	两版一致
	寻找机构投资者数量增而不减的股票	两版一致
第二要素	避免买进被机构投资者过度持有的股票	两版一致
	M= 股市走向	
第一要素	难以与大盘走势抗争，所以应尽力判断你是身处牛市还是熊市	两版一致
	密切留意并了解每日股市大盘平均指数的走向	两版一致
	在股市见顶并开始反转时，将所持股票的 25% 套现	两版一致
	若成交量放大而股价并无显著上升，可能预示着股价即将见顶，但最初的股市是以低成交量下跌的	两版一致
第二要素	紧随市场领跑者	两版一致
	寻找重要的股价平均指数和股票指数在重大转折时期的分歧点——分歧点会削弱并限制股市运动	两版一致
	投资情绪指标有助于突显重大的心理反转点	两版一致
	折扣率的变化是确定股市运动的一个有价值的指标	两版一致

CAN SLIM 法则概述

CAN SLIM 法则是如何确定自己的研究对象的呢？它是根据季度和年度利润、销售量增长这些记录在案并已经核实的数据来搜寻符合条件的公司的。这些数据是相关领导机构大力支持的结果，体现了较强的相对价格强度。对于那些前景一片大好的股票，欧奈尔根本不介意为此付出高昂的费用。他认为，许多寻找低价格 – 收益率股的选股策略都存在瑕疵，因为他们忽略了价格趋势决定价格 – 收益率，同时也决定了该比率范围内潜在收益的质量。欧奈尔相信，股票的价格定位通常都是物有所值的，许多低价格 – 收益率的股票有可能是经过了股票市场的重新洗牌和调整。他还表明，在股市要进入熊市时，尤其要密切关注股市，紧随股市步伐，并尽量减轻股价暴跌的风险。

C=当季每股收益

CAN SLIM 法则将关注的焦点集中在那些有良好收益增长记录且仍处于利润加速增长阶段的公司。通过对大赢股的研究，欧奈尔发现，在其股价大幅上涨之前，其当季每股收益通常都有很抢眼的表现。

欧奈尔建议，**要寻找那些与前一年同季度相比，当季每股收益至少增长 18%~20% 的股票**。在对股票季度收益的增长情况进行了解、筛选和总结时，要注意将一个季度的情况与前一年的同季度相比较，这很重要——换句话说，今年第二季度的情况要与去年第二季度相比较。许多公司的收益状况都具有季节性特征，尤其是在与往年同期相比的时候，你会更容易发现这一特征。

当你搜索的百分比变化是由一些很小的基数组成的没有意义的数字时，就需要格外注意了。比如，从 1 便士[①] 涨到 10 便士，表示它的收益增长了 900%。通过筛选查看关于公司的所有原始数据是明智之举，这样你便可以估计出公司财务状况的整体趋势和盈利的稳定性，以及其他

① 便士类似于中国的“分”，1 便士约合 8.8 分人民币。——译者注

方面的表现，比如销售量和现金流量。

不管你何时查看公司的收益，如何处理额外的收益这一问题都应该纳入考虑。一次性事件可以歪曲公司收益的实际趋势，使得公司的表现与那些没有经过精心管理的公司相比看起来更好或者更糟。欧奈尔建议**分析财务数据时排除这些不可能重现的事件**。

前两次筛选需要当季收益增长达到 20% 或者更高，当季的每股正面收益来自于持续的操作。我们使用股票投资专家软件（Stock Investor Pro）对 2003 年 3 月 14 日的数据进行筛选，在最初的 8 428 只股票里仅有 2 343 只符合这两项标准。

在寻求最强劲的当季收益增长之外，欧奈尔还喜欢注意增长的加速率。每股当季收益增长加速率在 CAN SLIM 系统里如此重要，以致欧奈尔经常提醒投资者考虑卖出那些连续两个季度放慢增长速度的公司。接下来的筛选是与最近一个季度相比，一年前的同期季度收益增长率应该高于两年前的同期季度收益增长率。以这个标准进行筛选，只有 1 556 家公司能过关。

为了确认季度收益增长的筛选结果，欧奈尔喜欢看到同季度的销售量增长大于 25%，或者至少最近 3 个月都在加速增长。这个新的筛选原则增加到了欧奈尔著作的第三次再版版本里，作为帮助确认公司盈利能力的质量保证。单独就这个筛选标准来说，有 3 647 只股票的当季销售量增长达到了 25% 或者更多，但是与其他的过滤指标相结合的话，就只有 393 家公司过关。

CAN SLIM 系统不仅仅是机械的筛选。为了确认某个工业集团是当前的领涨行业，欧奈尔还喜欢找出同一工业集团内的另一只显示当季每股收益强劲增长的股票作为比照。

A=每股收益年度增长

欧奈尔研究的大赢股除了具备强劲的当前收益记录，每股年度收益也显示出稳定而显著的增长。欧奈尔最初针对年度收益增长的筛选，要求每股收益在最近 3 年显示逐年增长的趋势。这个过滤标准相对前一个版本而言已经稍微放宽松了，在前一版本里要求最近 5 年都呈逐年增长的趋势。

将这种筛选方法运用到股票投资专家软件中时，我们详述了每股收益应该逐年增长的情况。为了在最近股市的逆转中给你提供保护，其中的一项标准就是过去 12 个月来的收益与去年的财政收入持平或者更多。当自动筛选时，有 795 家公司过关，如果采用修订后的第二版相对严格的过滤标准，则只有 469 家公司能够过关。若再增加一项过滤条件，要求过去 3 年收益逐年增长，通过筛选的公司就会缩减到 60 家。在过去几年的经济环境里，出现这样的结果没有什么值得称奇的。

欧奈尔还推荐筛选过去 3 年来呈现强劲增长且年度增长率为 25% 的公司。这种过滤标准只能筛选掉另外 6 只股票，它们曾经严格符合逐年增长的要求。

那些专家一致估计下一年的盈利高于最近年度报告的股票是最理想的。增加这个过滤标准之后，通过筛选的公司减少到了 39 家。当涉及一致的盈利预估这个标准时，你要记住的最重要的一点就是，**只有规模庞大、表现活跃的公司才会有分析家追踪它们并做出评估**。股票投资专家软件中有一半的股票拥有一致的盈利预估，因此这种过滤方法也可以筛选出小盘股。

CAN SLIM 筛选法还有另外一个潜在的条件，即它需要具备高资产回报率（资产回报率：持股者的资产与企业净利润的比率）。欧奈尔的研究显示，**最成功的大赢股的资产回报率至少为 17%**。欧奈尔使用这种方法可以将那些经营良好的公司与经营不善的公司区分开来。再加上这个过滤条件的话，通过筛选的公司又会从 39 家减少到 19 家。我们过去 5 年来做的相关测试显示，自 2001 年以来，这一要求会导致最终只有少数股票能通过筛选，同时还会影响公司的表现。这个修订后的筛选方法没有利用资产回报率这一过滤标准。

N=新产品、新管理层、股价新高

欧奈尔认为一只股票需要某种动力，股价才会开始大幅上涨。就他对大赢股的研究来看，他发现 **95% 的大赢股存在一些基本面的活跃因素推动公司超越平凡**。这种催化剂可能是一种新产品、新服务，或者是经历一段表现暗淡期之后聘请的新管理团队，或者是公司所在行业发生的结构变动，比如新技术的出现。

这些是定性因素，它不容易筛选出来。欧奈尔强调投资者应该放在第二位考虑的是努力追逐那些股价强劲上涨的股票。欧奈尔说那些看起来价格很高、风险很大的股票往往会进一步走高，而那些看起来很便宜的股票股价还会继续下跌。创出新高的股票同时会伴随成交量的放大，这些股票是最有前景的，值得关注。一只股票在经历一段时间的价格调整和巩固之后创出新高尤其应该引起重视。

欧奈尔主办的报纸《投资者商业日报》强调股票应该在 52 周高位的 10% 以内，这是筛选的一个标准。投资者应该期待在大肆膨胀的牛市里许多公司能够通过筛选，然而在熊市里只有少数公司可以通过筛选。在 2003 年前几个月，在熊市里运用这种过滤法将通过筛选的公司从 39 家减少到了 4 家，这丝毫不足为奇。2003 年 3 月 14 日，大盘里 8 428 只股票里总共有 1 037 只股票在 52 周高价的 10% 以内成交。

S=供给与需求

欧奈尔在他所著的早期版本里更注意强调小盘股。他在第三版里提到，运用 CAN SLIM 方法，你可以购买任何规模的股票。但是小公司的表现不太稳定，它很容易出现时涨时跌的情况。那些在股市开盘时回购股票的公司更讨人喜欢，管理层持有股票的公司也值得关注。CAN SLIM 系统中的 S 元素目前还没有确定的筛选指标，但是当你分析通过筛选的公司时，表 6-1 确定了一些需要考虑的因素。

L=领涨股还是滞价股

欧奈尔不是一名耐心的价值投资者，他不会狩猎不产生收益的股票，并且等待股市重回他所预期的阶段。他喜欢找出那些急剧扩张的领涨行业里快速成长的领涨股。欧奈尔提倡买入领涨行业里最好的两三只股票，他认为你所付出的成本和费用，都将会因买进这些高回报率的领涨股而获得补偿。

欧奈尔建议使用相对强度等级来识别股市领导者。相对强度等级是将股票的表现与整个股市相比较的一种分级方式。相对强度等级是以多种方式呈现的，你必须认真地去理解相对强度等级是如何运用于筛选系统的。

在一段既定的时期内，公司总是因其股价表现而被分级，他们在所有股票里排列后的百分比显示了相对其他股票的位置。《投资者商业日报》提供了股票的排列百分比，欧奈尔建议投资者不要买入相对强度等级低于 70 的股票，而要寻求那些相对强度等级高于 80 或者更高的股票，即表现比所有股票的 80% 的表现都要好的股票。然而只有 1 680 家公司（8 428 家公司的 20%）在 52 周内的相对强度等级达到 80 或者更高。这种过滤法没有进一步减少通过筛选的公司的数量。在筛选股票时，根据股市的大环境，要求 52 周的价格高位百分比证明是更严格的价格强度筛选。

I=机构投资者

欧奈尔认为如果一只股票想要有出类拔萃的表现，它必须得到一些机构投资者的追捧。10 个机构所有者可以视为一只股票最少数量的机构推荐人，这里所指的是真正持有普通股票的机构拥有者的数量，而不是追踪和提供股票收益评估的机构分析家。

除了找出少数机构拥有者，欧奈尔建议投资者研究一下机构投资者最近的投资记录。分析成功的共同基金持有的股票对散户来说是一个可靠的消息来源，因为共同基金的消息总是满天飞，令人真假难辨。比如 Morningstar.com（www.morningstar.com）和 MSN 财经频道的 CNBC （moneycentral.msn.com/investor），这样的网站会透露顶尖的共同基金正在持有哪一只股票。

下一个筛选标准要求至少有 10 个机构持有者持股。单就这一标准而言，大约有 5 500 只股票可以过关。在股票投资专家软件中加入的这个过滤标准不会减少任何股票。

欧奈尔也喜欢看到上一季度以来，买入某只股票的机构投资者的数量在增加。股票投资专家软件没有报告这段时间以来机构投资者的数量，但是它报告了机构投资者在上一季度买进和卖出的股票数量。我们的最后一个筛选标准表明，在上一季度，机构投资者买入的股份应该与卖出的股份持平或者更多。这个筛选标准没有进一步减少通过筛选的股票，具体请参见表 6-2。

M=股市走向

CAN SLIM 系统的最后一个方面是查看大盘走势。虽然它不会影响具体股票的选择，但是大盘的走势对你的投资组合的表现有着极大的影响。欧奈尔通常喜欢用技术指标来判断整个大盘的走势。任何一个优秀的技术类节目、网站或者《投资者商业日报》都会为你提供研究股市动向所必需的工具。

欧奈尔发现与大盘的走势作对是很难的，因此判断你正处于牛市还是熊市是十分重要的。表 6-1 概括了当试图测量股市趋势时，欧奈尔认为应该考虑的因素类型。

筛选结果

基于欧奈尔著作的第二版本和第三版本里对投资原则的阐释，表6-2呈现了通过CAN SLIM筛选的股票。

与2只股票通过了第二版本的筛选相比，有4只股票通过了第三版本的筛选。实际上，这是正常方式的一次逆转。我们重新修订第三版本的筛选系统之后发现，每个月平均有5只股票通过这个版本的筛选，而从1997年12月到2003年3月，每个月平均有12只股票通过第二版本的筛选，然而在此期间，通过第三版本筛选的股票最多达到了15只。在第三个场合，没有股票通过第三版本的筛选，而通过第二版本的筛选仅有1只股票。

尽管我们很难就这类微不足道的例子下结论，但是通过第三版本筛选的股票往往是大公司的股票，它们更容易受到机构投资者的青睐。这些大公司有着更丰厚的当季收益、更高的销售量增长以及更强劲的历史和预期每年收益增长。

5年多以来，美国个人投资者协会对大量各种选股系统的业绩进行了监测和分析，我们的结论是：无论在牛市还是熊市，CAN SLIM方法是最稳定、表现最好的选股系统之一。表6-2提供的数据可以帮助你快速查看对修订版CAN SLIM方法的初次测试。修订后的方法被证明不太稳定，在20世纪90年代，它在牛市里上升得太高太快，因此在接下来的熊市里就失去了股市的领导者地位。AAII.com的股票筛选专栏将追踪并报告这两种策略，AAII期刊也将每半年对这两种策略进行回顾（见图6-1）。

表 6—2 通过 CAN SLIM 筛选的股票

公司	公司类型	最后季度每股收益增长与去年同季度对比(%)	上个季度每股收益增长与去年同季度对比(%)	上个季度销售量增长与去年同季度对比(%)	每股收益年度增长率(%)	每股收益长期增长率(%)	52 周股价高位的比(%)	52 周相对强度等级	机构持股者的数量(家)	机构投资者净买入的股份
第三版本 CAN SLIM 筛选系统										
阿波罗教育集团	成人高等教育	72.2	50.0	35.4	37.8	24.3	99	93	1 142	6 126
FTI 咨询	咨询公司	192.3	53.3	91.4	36.7	21.0	95	94	384	2 005
国际游戏科技公司	游戏生产商	42.3	10.8	76.4	70.5	17.3	97	88	980	2 102
梯瓦制药	大型制药公司	73.3	20.0	35.8	49.9	23.8	95	91	942	11 210
第二版本 CAN SLIM 筛选系统										
商业银行	银行持股公司	30.0	28.2	–3.2	16.0	8.0	96	94	27	21
奥什科什卡车公司		28.8	–3.8	17.9	13.1	15.9	90	76	383	–121

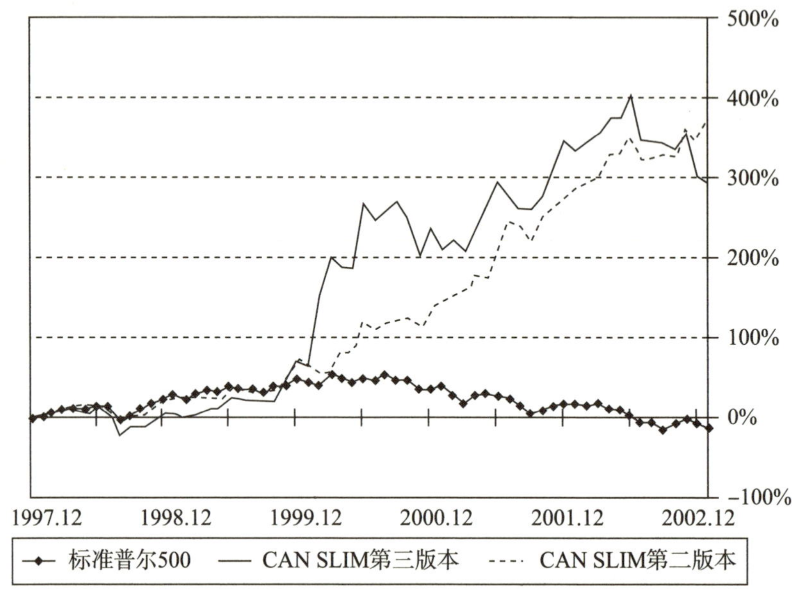

图 6–1 CAN SLIM 的表现（来源：AAII 股票投资专家软件）

CAN SLIM 系统对那些寻求成长型股票的活跃投资者来说非常有吸引力。然而，这一方法也有其自身的特点——在阐释股市走向的同时，它特别强调投资的艺术。我们所接触的 CAN SLIM 原则对识别前景大好的股票相当有帮助。但是，计算机筛选系统仅仅为你提供了投资的开端，在实际情况面前，你还需做进一步的具体分析。

投资建议 2

运用CAN SLIM选股金律投资

在《笑傲股市：证券投资二十四堂课》一书的三个版本中，我详细阐述了 CAN SLIM 法则，后来在《投资者商业日报》的全日制付费研讨会上，我也与成千上万个谨慎的投资者分享了这一成功方法。这里，我将这个方法简明扼要地介绍给大家。

C= 当季每股收益

它们必须至少上涨 18%~20%，并且最近的每季增长百分比显示呈加速趋势。近 50 年来所有大赢股的当季收益增长百分比平均为 70%，那些表现最好的股票显示的当季每股收益增长可以达到 100%~200%。高市盈率并不是一只股票表现杰出的原因，而是不断增长的出色盈利能力和销售量带来的最终影响和最后结果。过去半个世纪以来，每一年里表现最好的股票的市盈率都要高于大盘指数。当公司的表现格外出色，收益和销售量都在不继增长的时候，个股的市盈率也会因之而显著上涨。如果连续 5~7 个季度内，公司的收益都在增长，就表明这家公司是相当可靠的。近 50 年来，我们对成功公司的所有变量做了一系列的科学研究，最后我们发现可以下一个结论，即所有华尔街研究的基本面几乎都与正确的投资方法相悖，而华尔街的这套研究已应用了多年，过去其他国家的财经类报纸也对此深信不疑。如果股票的市盈率高于平均水平，通常会被认为太高了。如果市盈率继续上涨，股价下跌，这时分析家们就会建议你避免买进这类股票，如果你已持有了它们，就必须尽快卖掉。当股票到顶且市盈率下降之后，在大多数情况下，它们就会得到推荐，投资者也乐意持有或者作为潜力股买进。这在某种程度上就可以解释为什么投资者听从了某些分析家的推荐，却损失了这么多资金。这些分析家或者出现在电视股票节目中，或者撰写相关的研究报告，或者在某些备受认可的财经类报纸上发表强烈的观点，甚至是一些攻击文章，引发持股者抛售股票，导致股价下跌。而这一切仅仅因为公众认为股票的市盈率看上去太高了。

A= 每股收益年度增长

过去三年来，每一年的年度每股收益都应该显示增长。年均增长率可以为 25%~250% 或者更高。年度税前利润率和年度净资产收益率都应该增长。年度净资产收益率（ROE）为 17% 或者更高。最好的公司的年度净资产收益率应该达到 20%~25% 或者更多。下一年的一致预期收益也应该有一定数量的上涨。

注意：《投资者商业日报》特有的每股收益等级是将每个公司的 3 年收益增长率和最近季度收益增长结合起来评定的。在《投资者商业日报》的“每日股票列表”和“每日图表”里可以找到。

N= 新产品、新管理层、股价新高

许多股票可能是由最近才上市且创立不超过 10 年的新兴企业发行的。当它们产生了 7 周或者更久的理想图形底部，并且出现一个适当买入点的时候，就是买进的最佳时机。这些恰当的买入点为一年股价新高的 10%~15%。在买入点，日成交量应该在股票日平均成交量以上，并且放大 50% 或者更多。如果股票比你最初买进时价格上涨了 2% 或 3%，接下来的增持必须控制在较小的幅度内。如果股票从买入时就开始上涨，当价格较初次买入时上涨了 5% 之后就应该停止。另外，任何比你最初买进价格下跌 7% 的股票都应该被抛出（无一例外），这样做是为了适当止损，并阻止你的投资组合到后来可能出现的严重损失。（投资者之所以损失大量资金，其原因在于他们没有遵循这一重要的且经过时间检验的 CAN SLIM 保护原则，以减少一切可能出现的损失）

S= 供给与需求

供求关系涉及出色的股价表现和成交量需求的放大。任何规模的股票都可以根据 CAN SLIM 方法进行购买。小盘股可能表现得更好，但是它们的稳定性比较差，总是忽跌忽涨。在开放的市场里，**公司的管理层或公司自身回购股票的情况常为外界看好。**通过《投资者商业日报》的股票列表和日线图显示的量价变化，可以查看你持有的每只股票的成交量百分比变化，并检测股票需求。

L= 领涨股还是滞价股

选择 197 个工业集团中等级居前 10 或前 15 的公司，并集中买入其中的 2 只或 3 只股票。避免买入相对强度等级低于 70 的股票，尽量集中买入那些有着理想底部且相对强度等级高于 80 的股票。按照年度收益增长、销售量增长、税前和税后利润率增长、净资产收益率和产品质量来衡量，你买入的这家公司应该在它所处特定行业内居顶尖地位。你所寻找的真正优秀的公司表现出的基本面和量价行为应该都非常出色，而不是顾此失彼。另外，卖掉你持有的那些业绩落后、表现糟糕的股票吧。

I= 机构投资者

你总是希望你买入的每只股票背后都有着机构投资者的追捧，即至少有 25% 是机构投资者持股。由于共同基金的购买规模非同小可，因此它们的一举一动都会影响股票的走向。你所持有的股票背后的共同基金最近几个季度应该逐季增加。这一数据在《投资者商业日报》和日线图中可以找到。

一些灵活的、表现更好的基金会在前几个季度就买进股票。即使你看到数据的时候已经是基金报告的多周以后了，也有一定的价值。基金购买是一项重要的基本面评估标准，因为一家公司首先必须具备理想的基本面，经过基金的仔细考察并获得了它的信任之后，基金才会考虑买进。大多数基金不会买进那些便宜、质量差或者层次低的公司的股票，这些公司往往没有很好的支撑力量、市场赢利能力很弱或者具有一些不良记录。

然而，**你也不要只是买入那些基金购买的股票，因为他们也有判断失误的时候**，也不要买入表现平庸的股票，就像你过去已经做过的那样。你只需买入基金已购买的股票中表现最好的那些，然后用 CAN SLIM 法则去一一衡量。

那就是为什么分析日线图和周线图上反映出的量价行为对成功的投资至关重要的原因，因为一旦你学会了运用这一技巧进行分析，并具备了一些实战经验，自然会了解你的股票是否正在受到专业投资者或机构投资者的追捧，你也可以把握最佳的买入时机。大多数业余的投资者、评论家、愤世嫉俗者和许多大学教授无法完全理解这一点，这也是为什么大多数活跃在股市的投资者不能够大获全胜的原因。在 CAN SLIM 方法中，N、L 和 I 三个元素是最容易被低估的，也是 95% 的投资者最不能理解的元素。

M= 股市走向

如果你想知道新的上升趋势何时开始或者股市何时到顶，并开始剧烈的震荡调整或者引发新一轮的熊市，你就必须学会正确地阐释每日大盘主要股指的量价图，并紧密地遵循它的规律。由于缺少这方面的技巧和知识，98% 的投资者在 2000—2002 年的熊市里都遭受了重创。

为什么股市指数如此重要？其原因在于一旦主要大盘指数见顶回落，你持有的股票有 3/4 迟早都会随着大盘一起下跌，其下跌幅度比大盘指数的下跌幅度更大。

每天你应该研究《投资者商业日报》的“大盘行情”页面和“图表收录”栏目对大盘的分析和阐释。那些认真关注这两个栏目的投资者都在 2000 年 3 月将手中的股票大量抛出套现，得以全身而退。你还要学会通过主要股市指数识别股市底部的突破日和股市到顶的抛售日。此外，理解卖出原则也是极其重要的，它会告诉你股市领涨股何时到顶——这是另外一种识别大盘到顶的方式。听从别人的观点和感觉没有任何价值，只会在股市出现重要拐点的时候带来不可挽回的损失。

如果你同时配合运用 CAN SLIM 方法的 7 个步骤，并认真地按照各个要点去操作，这套方法将非常有效。因为它是完全以过去 50 年来一轮又一轮的股市如何运作为基础进行的详尽研究。换句话说，CAN SLIM 方法不是我总结出来的一套系统，也不是大多数人想当然的那样，而是股市真实的历史轨迹。如果你忽略 CAN SLIM 步骤中的任何一点，你的投资效果都会受到影响。只有将 7 个步骤同时结合运用，才能创造真正的成功投资。就好像打网球一样，你并不是只打出漂亮的正手击球就可以获胜的。你还必须有漂亮的反手击球、吊球、一发球和二发球，以及过顶球处理能力和中场拦截能力。

投资建议 3

熊市里需谨记的智者警言

如果你是一名投资新手，或者第一次接触本书所概述的经过历史检验和证明的策略，或者更为重要的是，如果你在熊市爆发的初期或中期才第一次读到这本书，千万不要认为这时运用买入原则会产生投资成果。此时的买入明显是存在缺陷的。

交易点拨

熊市警言

在熊市里，你绝对不要在突破点买进任何股票。

股价图与早期相比，图形会变得过于深入、宽广和松散。它们可能处于第三阶段或第四阶段的底部；有着楔入和松散的杯柄区域；在底部的下半部区域出现杯柄，或者从底部向上移动至新高时呈现狭窄的V形，在这个过程中没有杯柄出现。有一些图形显示落后的股票的相对强度线呈下降趋势，股价图上出现太多不正常的成交量行为，或者每周价格延展得过宽。

并不是那些底部、突破点或者投资方法不起作用，而是时机和股票都不对。量价图都是假的、有缺陷的且不合理的。大盘转为下跌，正处于卖出时机。这时候你需要耐心等待，继续研究，做好百分之百的准备工作。之后，当所有人都不看好的时候，所有的消息都令人恐慌，冬天最终就会过去，新一轮牛市如生命的春天一样如期到来。我们这里讨论的实用技巧和经过验证的规律应该会帮助你在未来的经济周期中无往不胜。

附录 1

给总统的谏言信

我在 2002 年 7 月 16 日给前总统小布什写了一封谏言信，彼时美国的经济和股市正处于博弈状态。早在 2 月份，在洛杉矶举办的《投资者商业日报》2002 年度经济研讨会上，当时的经济委员会主任格伦•哈伯德（Glenn Hubbard）发言之后，我就试图通过哈伯德博士给总统递上这封信，但最终没能成功。7 月 16 日的书信可能是通过旁线穿引才送达总统的经济团队的，因为直到 10 月他才看到这封信。当时是总统在旧金山的朋友凯蒂·博伊德（Katie Boyd）在白宫的一次晚宴上将复印件递给了他。总统在第二天就回复了一封亲笔信，信中赞扬我的建议非常有建设性，引发了他不少关于经济方面的畅想。回复如此之快，让我深感惊讶，因为他有大量棘手的恐怖主义战争和悬而未决的伊拉克问题需要处理，可谓日理万机，能抽空亲自回复实属不易。这说明在重要的经济和国际性事务上面，布什总统的管理直率而利落，并且反应迅速，值得称道。

自那时起，国家政策方面的变化接踵而至。利率再次调低，新的议会接管经济事务，新的经济团队组建起来了；所有的纳税人都受益于削减赋税配套增加收入的政策，经济政策也得到了议会的通过和总统的签署。

为什么2003年的经济需要高出平常水平的刺激？这其中存在一些复杂的原因。在类似于2000—2002年间的股市泡沫（如1973—1974年和1929—1932年）历时长久的股市灾难余波中，美国的经济复苏得更为缓慢，比平常需要更多帮助。况且，这时政府还要安抚在“9·11”事件中民众所遭受的心理创伤。

赤字不是真正的问题所在。相对于经济衰退和周期性的短期战争而言，赤字是再平常不过了。2002年的赤字相对GDP来说并没有过线，仅为GDP的1.5%，而近50年来的平均数字是1.9%。国家花在导致这些赤字的债务偿还上的净利率百分比同样也很小，仅为GDP的1.6%。在这个节骨点上，赤字争议最初是一个政治议题，用以恐吓和动摇选民，阻碍削减赋税的呼声。

政府大幅削减赋税、控制奢侈浪费现象是解决赤字问题的一种重要方式，通过增加政府的税收收入，才能摆脱赤字。自第二次世界大战以来，两次主要的赋税削减在肯尼迪和里根统治时期通过了法案，这一法案并未减少政府的收入，相反，政府的收入因之得到了明显的增加。

在每一次降低梯级设置的资本收益税之后，情况都是如此，政府的财政收入都无一例外地从中得到了增长。

以下是书信的大致内容。

亲爱的总统先生：

因比尔·西蒙（Bill Simon）的引见，我们在洛杉矶进行过简短的会面。

在此，我斗胆冒昧地向您提供一个新的想法，帮助您改善正在陷入发展迟滞的经济和股市。您可以根据我的建议制订新的经济重振计划，正如您在恐怖主义战争中所取得的成就一样，借此，您可以让国家的经济实力发展得更为雄厚。

我建议尽快向国会咨询，允许每个愿意创立新公司的美国人在头两年免交收入税，在接下来的两年仅征收一半的赋税。如果持有新公司股份的管理层和雇员在公司成立头 10 年内卖出股票的话，允许他们仅交纳一半的资本利得税。

如果这一法案通过的话，美国将涌现很多新型企业和小型公司。他们能够创造许多新的就业机会。而那些规模庞大、技术陈旧的企业自然会缩小规模，让位于发展势头良好的新公司。

这样做不会让政府付出任何代价，因为那些大量涌现的新公司目前是不存在的。很少有公司在头两年便能够创造大量收益。但是，只要他们保持积极发展的动力，政府不加以干预和限制，他们就能够提供成百上千的工作机会，并产生成百上千的纳税人。这对驱动经济以及降低失业率有着非常重要的正面意义。

以“小公司创新行动”“新型企业和新工作机会”这样的口号为标题，民主人士在投票时总是阻力重重，同时也湮没了他们反对削减大型企业赋税的声音。尤其是在削减资本利得税这一项上，只有富人能获益。而这一法案原本应该让所有的普通美国人都获益的。

现在，这一新的思路为开拓经济提供了一个至关重要的理由，也为您面对反对者和言论自由的媒体时提供了一套有效的辩论说辞。

80%的股市赢家产生于20世纪90年代的科技泡沫，他们的公司在成立后的前8年就进行了IPO融资，同时也是20世纪80年代享受到削减资本利得税政策的那一批最新企业（戴尔、太阳微系统、康柏、爱默生、EMC公司、甲骨文等）。

历史显示，新的牛市通常由新的领涨股引导，而不是上一个周期已经没落的前任领涨股。但是，很少有新的上市公司能够领导未来股市的复苏。

我不确定是否华盛顿的每个人都能理解或能够回答股市真正发生了什么事情。根据我过去45年在股市摸爬滚打的经验，股市的行情绝对与经济没有任何关系。这就是您听到的许多建议——经济日益繁荣、各类数据表现更好等，对市场根本没有任何影响的原因。

在1929年的股市里，我们经历了类似于17世纪50年代荷兰郁金香热的心理膨胀时期，然而美联储和大多数经济学家并未充分认识到这一点。

如果您查看纳斯达克平均指数从1991—2000年3月的顶部到目前的底部，再比较道琼斯工业平均指数从1921—1929年的顶部到1932年的底部，您会发现它们几乎完全相似。唯一的区别在于去年华尔街专家们就纳斯达克科技股所做的盲目乐观的推测，令互联网和生物技术股票比1929年最后的道琼斯热还要过度。

在20世纪90年代克林顿统治时期，大多数美国人都在充满泡沫的股市里投入了资金。他们仅仅听从一些糟糕建议，却不知道如何管理风险，因此不可避免地损失了50%~80%的财富。当前，几个在股市里占有重要分量的大型共同基金出现了不利的供求情况。

将科技股泡沫破灭所带来的严重损失和散户所遭受的惨重损失结合起来看，您可以发现，共同基金的持有者所遭受的心理创伤和恐慌不亚于“9•11”事件。历史表明，从这样的恐吓中恢复元气往往更慢，需要更长时间。因为这个原因，目前的经济需要比平常更多的刺激和辅助。

作为回报，为了向民主人士交出一份创造就业机会的数量清单，您也可以考虑寻求另一种民主，即仅对国内的外籍消费者减少收入税。民主人士将要提出的反对意见就是赤字问题，这时您的团队便可以用一些真实的历史研究来给予反击了。对于赤字争议，我可以提供五六个强势的答案，我相信这已经足够了。

为了支撑美国家庭恢复元气，刺激疲软的消费者和公司的信心，股市必须下调 3/8 的利率，我相信美联储一定会对此项提议惊讶万分。

最后一个历史股市观察：在 1962 年初，美国证券交易委员会宣告它将调查共同基金行业，引起了一片恐慌，导致股市急剧下跌。为了挽救股市，肯尼迪撤销了钢铁价格上涨的法案。即使经济没有出现任何问题，股市也不可阻止地开始真正分崩离析。股市不会回应不确定的小道消息或拖拖拉拉的政府调查。

如果政府不施与新的经济手段并加以强制执行，而相关消息又被政府调查部门和自由批评家控制，您可能会失去国会成员的地位。

如果您对以上我的建议感兴趣，我将非常乐意同您或者您的关键决策成员讨论具体细节。

您忠实的

威廉·欧奈尔

自相矛盾的是，减少政府资产收益收入的元凶恰恰是通过增加资产收益比率这一政策，这样的政策阻碍了个人获得收益，或者为获得收益带来了额外的风险。目前，有 50% 的股票是以交纳资本利得税为前提才能获得收益的，但是这些股票的持有者从不抛售，因为他们不想交税。他们顽固地将这些股票持有很多年，直到它们不再存在，因此他们根本不必因为获得收益而交税。政府对此毫不知情，抛却那些愚蠢的空头政策，即使仅仅是削减一点赋税也能得到较多的资本利得税。艾伦·格林斯潘多次声明，资本利得税是最糟糕的征税方式，因为它阻碍了投资热情，遏制了经济的发展。最近一次将资本利得税降低到 15% 的建议是由美国众议院筹款委员会（House Ways and Means Committee）主席比尔·托马斯（Bill Thomas）在加利福尼亚提出的，提案中包含了新的减税提议，这对每个投资者来说都是个积极的税收激励政策。

在将资本利得税降低到 15% 上，我们可能帮助甚微。比尔·托马斯提到其在主席谈话里涉及的一个意见，是因为在这之前，他注意到了我们的一些建议。由于他在 11 月中旬的选举中成为参议院的委员，他感觉这项提议有机会通过国会。因此，在 1 月 2 日，我将写于 2002 年 12 月 31 日的信件的复印件给了他，让他转交给白宫。信中的最后几段相关段落如下：

> 考虑到小公司折旧更快，需要更多的研发税，允许 1 500 美元的派息免税。
>
> ➡ **解释 1：**以过去美国发展最快的 50 年里引导新的牛市和经济复苏的 600 只股票为例。
>
> 从理论上推断，这些公司没有债务，他们在派息和实际的收益增长上投入的资金很少。80% 的债务减少是由于净资产百分比减少或者没有债务。只有少数公司会回购股票。这种情况发生在早期，并且与后来股市过热或不合理的情况没有任何关系，20 世纪 90 年代晚期，在 10 000 只普通股中只有 10~20 只是高收益股票。

➡ **解释 2：**美国一些历史悠久、重要的大型支柱型企业从 1980—2000 年就没有新的工作可以提供，然而美国却增加了总计 3 900 万个工作机会。小公司提供的工作机会共计超过 90%，如果再加上证券经纪公司的话，这个数字会更大，而统计时并没有将他们作为提供工作机会的公司计入。

➡ **我的结论：**如果资本利得税减少到 15%，将会涌现更多的新公司和新工作机会，股市和经济也会得到繁荣，同时也可以终结双倍的派息税。这意味着新的小公司在长期的股票抛售中只需要交纳 7.5% 的资本利得税。这是一个值得重视的创造新就业机会的激励措施。

当共和党议员主席提议设定 3 500 亿美元的减税政策之后，3 个共和党参议员反对大量减税，因为他们认为这样会造成赤字。比尔·托马斯明智地精心准备了一项极好的计划，既可以维护总统的绝大部分计划，也可以避免资产收益的损失。

这又是一个神话，经济自身产生的赤字导致了通货膨胀或利率下跌，而其他更重要的因素通常可以压倒赤字产生的任何可能的消极影响。比如，在里根时期不断刷新的赤字、通货膨胀和利率下跌一年又一年上演，这三者的表现惊人地一致。在里根就职期间，通货膨胀率保持在 11.8%，当他离职时降到了 4.5%，而美联储基金利率也从 19.1% 下跌至 9.1%。同时，大型的军事基地工程也助长了赤字问题，这些军事基地是为了检测美国面临的危险而建立和部署的星际导弹防御系统，这一大笔开支所建立的系统最终击败了苏联的军事威胁，却直接导致了经济的疲软。柏林墙的倒塌解放了遭受近 70 年压迫的人们，作为对这一历史性事件的回应，冷战结束时期实施了减少防御的政策，才让 20 世纪 90 年代的联邦预算有了盈余。

大多数人在谈及美国政府的债务时，他们只会提及美国的平衡债务。从来没有人准确地计算、认真地思考或讨论政府的总资产部分，在过去

50 年它早已得到增长，并超过了债务总额。实际上，债务与资产的比率比债务水平本身更重要。

将来，国会应该考虑将资产收益持有期减少到 6 个月的可能性。这一举措将会让政府尽快征取必须缴纳的税收，同时也会激发人们的投资热情。

尤为重要的是，如果国家真正想提高股市和经济的能力，并借此创造更多的工作机会，国家领导和国会应该针对我在 2002 年 12 月 31 日写给布什总统信中的建议，认真考虑一个关于新型小公司创业计划的简单版本。总统显然很赞成这一建议，但是，除了派息税的问题，总统急需处理日程里的其他主要经济政策，因此，该建议也很有可能被搁置一旁。对美国的经济和股市来说，大力鼓励新的小公司成立也可以看作一个备用的保险政策。这些小公司能创造新的就业机会，在他们成立的第一个 5 年内能为政府增加 390 亿美元的财政收入，对赤字问题也没有任何负面影响。让我们看看这些经过调整更为精简的新成立小公司和他们所创造的就业机会表现如何吧。

国会应该同意允许开创新品牌的公司创始人（一个从未出现过的品牌）至少雇用 3 名员工，在公司成立的前 10 年，对创始人和雇员持有的股权仅征收资本利得税常规水平（15%）的一半。这项政策一定会激发许多小公司如雨后春笋般涌现。为什么这样说呢？因为小公司的创业计划意味着他们只需要缴纳 7.5% 的资本利得税。对那些前所未有的企业征收 35% 的最高收入税，还是向创造长期收益的新的风险企业征收 7.5% 的低利率收入税，这两者之间有很大的差别。后者会激发更多的风险投资者甘冒风险，从而开创新的公司。

预期的结果是：在第一年内，市场上便涌现出超过 10 万个新的公司和 53 万个新的就业机会（这个数据是基于平均每个新公司雇用 5.3 个以上员工计算出来的）。如果这项政策实施 5 年，政府将会在整个计划实施期间从 366 667 个新公司的净利润中征收收入税，此外还可以从 285.5 万个新就业人员身上征收个人所得税，他们每年的平均收入保守估计大约为 2.7 万美元。这一推断是以 50% 的新公司仅存活 5 年来计算的，每个公司雇用 11 名左右的员工，每年的销售量平均为 60 万美元，预计的利润率为 13%。

这些新成立的公司需要购买家具、设备、生活用品和电脑，还需要租用办公室、寻求财务核算以及其他商业服务，这一层面对经济所叠加的影响还未计入上述的统计数据里。

一些大企业通过拥有新公司的部分股权或者将资产转移到新公司而避免缴纳资本利得税，因此政府需要制定一项简单的法规来防止这种情况的发生。实际上，激励措施是针对从未出现过的公司——新品牌的创立者而出台的，并不是为了给大企业偷税漏税的机会。

我估计这些新公司中的 1% 在几年后会面向公众发行股票，这 1 000 家深具革新性的上市公司将为我们的股市和经济注入新的活力，滋生新的支撑力量（然而目前只有几家上市公司）。这一计划不会让政府付出任何代价，相反，在计划实施的前 5 年内，它会产生大约 390 亿美元的财政税收。其中有 162.5 亿来自新公司缴纳的企业所得税，225 亿来自新就业人员的个人所得税。这也是防止工作机会增长减缓的一种审慎的保护手段。

由于新的就业机会是面向普通人的，它一定也会受到民主党人和共和党人的欢迎。两党人士都从经济的迅速复苏中获得了不少利益，但是他们完全没有意识到这一点。乔治·布什是当时的总统，但是当经济衰退正式开始的时候，他刚刚就职。在克林顿统治期间看上去一切顺利的股市泡沫失控地膨胀，最后在2000年2月和3月破灭了。如果恐怖主义袭击再度发生，就很有可能拖慢美国的经济。这些潜在的危机是美国无法承担的。

现在，如果美国政府真正想实施这项小公司创业计划，并大胆地发展经济，就应该允许内陆城市的少数族裔和贫困地区的公司在新成立的前10年内免交各项资本利得税。这项政策实际上会帮助内陆城市减少失业率，尤其对安抚那些焦躁不安的年轻人有切实的帮助，从而也可以进一步减少犯罪率。

以上这些和股市有什么关系吗？当然有关系。新公司越多，新的就业机会越多，国家的经济更加强大，股市也会更强劲稳健，衰退到来的那天也会被延缓。

总之，你现在掌握了许多投资方法以及经历时间考验的投资系统来指导你买卖股票，这一切能让你获益匪浅，终生受用。

美国梦仍在继续。每一轮新的牛市中都会涌现出许多新的领涨股。机会是无限的，一切都取决于你。我知道这不是一件容易的事，你需要反复阅读、学习、实践这些法规，直到烂熟于心。学习任何一项技能都必须忍受“重复”二字，如果你拥有渴望成功的勃勃野心，那么成功地投资就是你必须学会的一项技能。只要你准备好了，美国就是一片随时欢迎你的投资乐土。

附录 2

股市备忘录

（2003 年 3 月 17 日）

通过前面 21 天的观察，我们相信经过 13 天的积累，纳斯达克指数——实际上的领涨指数正在筑底，并向最近的低位靠拢。现在通过今天所有股指的突破日可以确定这一点。

股市回调至稍高于 2002 年 10 月的低位且接近 2003 年 2 月 13 日的低位，我们认为这是股市在 2000 年 10 月不景气的行情中经受的又一次成功的考验。它呈现了股市的一个合理的回调区域，我们相信这个阶段的存在是为了改良股市的大环境。最近的股市走弱也呈现出从 2002 年 12 月 2 日顶部起，所有主要股市指数的第三波下跌趋势。我们注意到纳斯达克有 3 次试图反弹回升到 200 天平均移动线，但每一次都以失败告终。在经历 3 次这样的反弹失败之后，许多人明白了这不过是一个消极的信号，投资者的情绪陷入低落。而现在纳斯达克的第 4 次在平均移动线上的反弹试探似乎就要成功了，在我们看来，这是一个积极的信号。

伊拉克战争最终会对股市产生积极的影响，导致发起恐怖主义的政府重新思考他们与恐怖主义之间的关系。进一步说，伊拉克危机的解决之道应该以发展自由经济和开拓民主区域为目标。随着柏林墙的倒塌，越来越多的国家朝向民主和自由经济的方向努力。目前伊拉克的政权更替应该归因于地区石油资源的流动，导致石油价格被压低，美国从中大发横财，经济得到繁荣。危机得到解除的同时能够稳固消费者的信心，这对增加小布什统治的政治资本存在更深层的影响，帮助他们重温经济刺激时期的情景。

我们相信股市的消极因素已经过去，那些创造优良产品和高品质服务的行业领涨股在 3 年的熊市里都得到了一份合理的评估，这些公司呈现出 8 个季度、10 个季度、12 个季度甚至更多季度的收益增长。

附录 3

成功投资者的一致推荐

理查德 · 汉普顿（Richard Hampton）

我属于工薪阶层，在一家工厂里有一份稳定的工作。为了赚到 4 个孩子上大学的费用以及我退休后的养老金，我曾经买进了一家公司的股票。3 年前，我发现自己辛苦积蓄的钱从 7 万美元跌到了 1.2 万美元。我便用剩下的钱买入了一家更大更可靠的公司的股票，它保持了一年多的增长之后便陷入下跌，后来我的资金仅剩 5 000 美元。

大约在 9 个月前，我开始仔细阅读你们的报纸，从第一页到最后一页，无一遗漏，遇到无法理解的专业术语，我会借助于电子词典。我还特别利用 investor.com 网站上的股票鉴定功能作为我的重要选择标准。经过一段时间，起初投资的 3 000 美元本金涨到了 1.4 万美元，这让我第一次感觉对投资充满了把握。接触了你们的报纸之后，我的投资变得如此顺利，可能一部分是幸运使然，但是正是你们提供的信息为我打开了新的天地。

我信任你们的报纸，并且想将它推荐给每个投资者。与我使用过的其他资料相比，这份报纸更加简明易懂。我知道没有人真正关心散户的一举一动，因此我们必须盯紧自己的投资。像我这样的散户应该获得更多容易理解的信息，而你们的报纸和网上服务能够满足我们的所有需求。我们需要做的就是耐心学习如何利用这些信息，并按照它的指导去操作。

丹尼斯·科尔曼（Dennis Coleman）

作为对你们推崇备至的忠实读者和学生，3年来，我全心遵循你们总结的买卖原则和《投资者商业日报》的各项建议，资产得到了极大的增长，我的感激之情难以言表。

露丝·巴蒂（Ruth Battey）

我在1990年进入股市开始投资。在这之前，我仔细阅读了《笑傲股市》，该书将股市的各个方面都阐述得相当到位，它对我的影响简直不可思议。同时，我也是《投资者商业日报》的订阅者。自订阅之日起，我每天都要花两个小时研究这份报纸。我衷心感谢你们的报纸帮助我有效地控制投资。

基思·鲍德温（Keith Baldwin）

感谢你们提供了一份如此有价值的报纸，它给了投资者不少指导和激励，并提供了许多有用的数据和资料帮助他们做出决策。

乔纳森 · 古德温（Jonathan Goodwin）

近 10 年来，《投资者商业日报》已经成为我生活的一部分。我认为它是我阅读过的办得最好的报纸。通过这份报纸，我改变了对资金的看法。在 2000 年股市到顶的时候，它也让我成为免于遭受惨重损失的幸运儿之一。现在我预计自己在 5 年内就能够退休，可以说 75% 要归功于这份报纸。

迈克尔 · 伯顿（Michael Burton）

我是一个失去父亲的孩子的导师，3 年来我每周都去看望他。我根据“领导者和成功”专栏向他传授投资要点，据此他获得了不少收益，因此我们对它产生的效果深信不疑。现在他的几个好朋友也加入了我们的讨论，我们对自己的投资成果非常满意。感谢你为孩子们的生活带来的积极贡献。

安妮特 · 奥康纳（Annette O’Connor）

过去 3 个月以来，我买进了你们的报纸每天强调的股票，并将它们加入到我的快速投资组合里。我发现这些股票之所以表现得这么好，都要归功于欧奈尔老师对基本面的分析。在做了一些研究工作并在你们的网站查看图表之后，我买进了许多这些受到推荐的股票。我需要付出很多精力才能完全理解这些图表，但是这份报纸对我来说的确物超所值。

我平时会收听美国全国广播财经频道和其他的新闻频道，但是，到目前为止，你们报纸所提供的建议从各方面来说都更胜一筹。

如果多年前我就意识到这一点，我一定会遵循报纸所提供的卖出建议，这样我就不会损失那么多本不必损失的血汗钱了。

谢谢，非常感谢！

斯科特·圣克莱尔（Scott St. Clair）

我想说《投资者商业日报》和《笑傲股市》让我获得了财务自由，很少有人能像我这样幸运。在1995年，我作为一名股票经纪人兼投资者开始使用欧奈尔的投资系统，当2000年的熊市到来的时候，它让我得以识别当时出现的大量顶部信息，从而获得了3倍的收益并保住了这份收益（在经历多年收益不稳定的情况之后，我在2000年获得了最大的收益）。当牛市再度卷土重来之际，我知道这些工具会帮助我锁定最好的股市。

兰迪·斯托特（Randy Stotts）

我刚刚开始使用《投资者商业日报》提供的建议，并从中获得了许多十分合理的信息，帮助我为将来建立良好的买卖习惯打下了基础。你们的灵活选股方法让人很容易将发展稳定的公司与那些表现弱势的公司区分开来。感谢你们为我提供了一个正确的方法和有效的投资工具。我感觉现在大干一场的机会来了。

理查德·扬布拉德（Richard Youngblood）

我只想对威廉·欧奈尔和《投资者商业日报》所传授的投资系统表示感谢。这一系统向我们传达了诸如此类的观点：当股市处于上行趋势，在股票突破底部时买入；在熊市里迅速止损是明智的自救之举。后来，我发现基本上没有什么买入股票的好时机，因此，我的资金仍在底线内保持安全状态。我真希望几年前就开始采纳你们所推荐的方法进行投资。我期待在牛市里再次使用CAN SLIM选股系统。再次感谢！

格雷格·雷诺（Gregg Rainone）

《投资者商业日报》已成为我的生活必需品。威廉·欧奈尔是现代股市占据领先地位的教育家，但是他对公众的贡献是不可磨灭的，称得上慈善博爱的标志性人物。

查看《投资者商业日报》的“图表收录”栏目和其他的相关数据，可以将之作为每天在股市里进行买卖操作的一项基本原则。

芭芭拉·詹姆斯（Barbara James）

我一天都离不开《投资者商业日报》的“每日在线图表”和“产业集群”这些投资分析工具。感谢《投资者商业日报》的所有工作人员向像我这样的业余投资者传递了如此宝贵的信息和知识。

格雷·霍尔（Grey Hall）

一年多以前，我买了威廉·欧奈尔所著的《证券投资二十四堂课》一书。起初，我战战兢兢地将 5 000 美元投入股市，按照他的指导进行操作，在第一年里本金就轻松翻倍。

从第二年的投资从这个月开始，到第 16 日为止，我的收益增长了 24%。最近的一次上涨与我订阅的《投资者商业日报》和 investor.com 网站付费服务所预测的趋势完全一致。毫无疑问，我已经为这些不可思议的投资工具所带来的效果而倾倒。我由最初的犹豫态度转为完全的信任，这一明智的选择使得我的投资组合所获得的净利润稳步增加。

非常感谢。你们为那些不知道去哪里寻求建议的散户指明了方向。没有什么比这更重要的了！

兰迪·麦克尔哈农（Randy Mcelhanon）

在2001年10月，我从朋友那里听说了《投资者商业日报》。最近我在15美元/股的价位买进了世通公司的股票。在参照了你们的介绍资料并回顾了自己的情况之后，我认识到应该立即将世通抛出。后来，我在15美元/股将它抛出，而不是等到它跌到了现在的15美分/股时才抛出。

感谢《投资者商业日报》！

如果我没有听说过《投资者商业日报》，我不知道后果将会怎样。在最近的8个月里，《投资者商业日报》教会了我如何在股市里赚钱。当新一轮的牛市到来的时候，我对自己所取得的成绩感到激动不已！

埃里克·马丁（Eric Martins）

你们的报纸真是太棒了！当我身边的朋友和家人在股市里不断地买进卖出的时候，我却一直保持冷静且置身其外的态度，得以避开了数以万计的损失。自从学会了实用的技术分析，我可以清楚地看清投资形势。根据你们评定的工业等级，我也卖空了那些表现不尽如人意的股票。

希望你们的报纸保持一贯的高品质。我已经将它推荐给了周围许许多多的朋友。

金·帕克赫斯特（Kim Parkhurst）

我只有一句赞扬之辞：3周前，我是从未涉足股市并对其一无所知的投资新手。通过阅读《笑傲股市》和《证券投资二十四堂课》，以及《投资者商业日报》及其网站提供的新闻报道、知识讲解和投资建议，我发现自己比那些已从事多年投资（也亏了不少钱）的投资老手懂得还要多。感谢你们，请继续努力！

波特 · 利曼（Porter J. Leaman）

CAN SLIM 选股方法真的很有效。我将《投资者商业日报》作为一项更好地研究公司基本面的工具，接着我会运用它所提供的周线图和日线图进行技术分析，在最佳时机买进股票。感谢欧奈尔先生出版的《投资者商业日报》，它真正地帮助投资者变得更聪明，而只是听听美国全国广播财经频道是达不到这种效果的。

迈克 · 古德（Mike Goode）

《投资者商业日报》帮我赚了不少钱。自从我开始订阅它之后，我的投资本金已经翻番。我喜欢《投资者商业日报》的原因之一在于，通过它你可以发现股价在 200% 或 300% 之间浮动的股票和一连串上浮 100% 的股票。CAN SLIM 选股方法更是令我惊喜，这一投资原理帮助我避免犯那些几乎每个投资者都会犯下的常识性错误。你确实需要认真关注 CAN SLIM 选股方法中的 7 个标准。我建议周围的每个人开始读《笑傲股市》这本书的时候，都要仔细查看书中的图表，并且将该书反复阅读多遍。

罗伯特 · 富兰（Robert J. Furlan）

我今年 33 岁，也是《投资者商业日报》11 年来的忠实订阅者（自 1990 年起我就开始订阅）。我在大学时代订阅的是《华尔街日报》，毕业后我试着订阅了两周的《投资者商业日报》，自此我的生活发生了改变。我开始使用《投资者商业日报》提供的投资原则进行操作，投资无比顺畅。无须多说，我完全抛弃了《华尔街日报》，而《投资者商业日报》成了我的“圣经”。很快，我的朋友们和家人都要求我帮他们挑选股票。因此，在 1994 年 8 月，我和拍档开始达成了合作，并成立了公司。我们是同一家会计事务所的注册会计师，都习惯在午餐时间阅读《投资者商业日报》、讨论股票。我们的注册资金是 1.5 万美元，现在我们的资金已经达到了 200 万美元以上，并有 30 名投资者追随。我们辞去了会计师的工作，成为全职投资者。2000 年对我们来说是突破性的一年，因为与股市的下跌惨象相比，我们的资金仍然增长了 40%。我们持有的全部是高科技股（赚钱能力很强的那种），但是因为我们按照《投资者商业日报》给出的建议进行操作，我们知道如何卖出它们，因而不至于受到高科技泡沫的连累。我们在 200 美元 / 股的价位卖出的高科技股现在的成交价仅为 10 美元 / 股，我们从来没陷入试图在股价下跌的时候买进它们的泥潭。

只要你正确地遵循《投资者商业日报》的所有原则和关键的建议，你就永远不会处于浴血奋战的狼狈境况。将威廉 · 欧奈尔的原则作为我的投资原则，将附有日线图的《投资者商业日报》作为我每天的信息来源，我在股市里获得了比过去 10 年来做会计师时更多的财富。现在，我找到了下半生自己真正最爱的职业，在这个过程里，我也日益变得富有。然而，如果没有《投资者商业日报》，我真的不知道可以做什么，因此，它对我来说真是可抵万金。

阿德里安 · 麦吉迪（Adrian Mcgeedy）

如果你想进入投资领域，我想向你推荐《投资者商业日报》，它是我偶然间发现的唯一值得信赖的投资工具，它会保护你，让你远离绝境，幸运地遨游股海。

薇芮·雷迪（Veera Reddy）

我想在此分享我的成功故事，因为我曾是《投资者商业日报》和威廉·欧奈尔的最狂热的崇拜者。

2000年5月，我刚刚从印度来到美国，我对投资一无所知。两个月后我一头扎进股市，参考朋友和同事的意见，我买进了许多高科技股，比如思科系统、北电网络、捷迪迅、英特尔等。令人失望的是，由于我不了解基本的卖出原则，导致投资组合中50%以上的股票都遭受了损失。为了增加一些投资知识，我访问了许多网站，但没有一个网站能让人真正学到东西。

这时我偶然发现了《投资者商业日报》，我喜欢上这份报纸，于是马上订阅了一份。拜读了欧奈尔的著作《证券投资二十四堂课》之后，我把它当作我的"投资圣经"。尽管我领会了在突破时买进股票的时机，但是我仍然坚持不懈地学习卖出原则。

我尤其喜欢"领导者和成功"专栏，因为它激励我不断前进，并促使我积极正面地思考人生的意义。

《投资者商业日报》的确是我心头的最爱。

凯莉·考德尔（Kelly Caudle）

几个月前，我和我的丈夫开始阅读《投资者商业日报》。自那时起，即使股市风云变幻，我们仍然赚到了钱。因为目前的股市极不稳定，我们将大部分股票都已变现。《投资者商业日报》的判断正确而精准。当其他金融专家还在建议人们返回股市进行投资时，《投资者商业日报》是唯一慎重提醒投资者远离股市的报纸。希望你们继续办好报纸。

吉姆·埃尔德（Jim Elder）

“领导者和成功”专栏是我晨起生活中最重要的一部分。它是一项让人灵感倍增的投资工具。它不仅能够让我以积极的面貌开始一天的生活，同时也是我思考如何改善生活的精神食粮。我还和同事的子女一起分享这些故事，让他们知道大多数成功者是如何从平凡一步步迈向成功的。

史蒂夫·加德尔斯（Steve Gardels）

我和妻子只能用个人退休账户（IRA）和401ks账户投资共同基金。由于《投资者商业日报》的影响，多年来，我们一直投资于成长型基金。然而，在2000年初，我开始意识到所有正在上涨的基金都负载了相同几只股票（思科系统、太阳微系统、戴尔以及其他高科技和互联网股票）。我感觉我们持有的是几只股票而不是共同基金。出于这一点，也由于《投资者商业日报》的提醒，我们在2000年3月将所有基金全部变现。

自那时起，我们夫妻二人就提前退休了，因为我们不像别人那样损失惨重。感谢《投资者商业日报》，我们因你而得以全身而退。

吉姆·穆夏尔（Jim Musial）

我是一个投资新手，订阅《投资者商业日报》仅两年时间。在过去的18个月里，我雇用的所谓专业的经纪人没能很好地保护我的投资组合，导致我的共同基金遭受了40%以上的损失。然而，当我亲自上阵，并学习了投资组合的管理之后，在同样的时间内反而获得了6%的收益。投资之所以转为一路绿灯，很大程度上归因于我严格遵循《投资者商业日报》提供的原则和建议。我认为“美国新貌”专栏每天为我们呈现了值得研究的潜力股，正是在这个栏目里，我发现了属于我的两大宝物。

如果我在熊市里能够挑选出好股票，我想每个人都可以。我打算以后不再雇用经纪人，自己处理所有的投资事宜。祝《投资者商业日报》一切都好，顺致感谢！

阿兰·特伦斯·卡恩（Alan Terence Kahn）

如果没有读过《投资者商业日报》，我就不会获得成功。我确信，如果不是《投资者商业日报》向公众传授了那么多专业知识，我肯定会盲目地买进和持有一些表现糟糕的股票。

我向我所遇到的每一个人都推荐了你们的报纸。更多的投资者都需要常备一份《投资者商业日报》。感谢你们的帮助。

2000 年 12 月，我从你们的刊物上查看了工程支持系统（ESS）的股票图表和公司简介之后就买进了它，这是我买入的第一只股票。长话短说，我买入它时的股价为 22.10 美元 / 股，2001 年 11 月，我在 53 美元 / 股的价位卖出了它。我的收益达到了 125%，这样的事是我前所未遇的。累积派发比的急剧变化暗示我在股票回调时及时抛出。

你为我打开了一个勇往直前的新世界，对此我充满了感激。我打算在未来的 15 年内赚够 1 000 万美元，我知道《投资者商业日报》可以帮我达成目标。再一次感谢你们。

马克·罗滕伯格（Mark Rothenberg）

在阅读了《笑傲股市》和《投资者商业日报》的每日分析之后，我将所有的投资困惑都集中起来，随后我发现其实这些根本就不是什么疑问。只要坚持按照他们总结的投资哲学和原则去操作，成功的投资成果便会随之而来。我希望它能帮助我早日退休。

贝内特·西蒙顿（Bennet Simonton）

你们的报纸远胜于我订阅多年的《华尔街日报》。《华尔街日报》没有投资者需要的信息，而你们的报纸上关于公司的文章非常实用。

李·史密斯（Lee Smith）

对投资者来说，《投资者商业日报》是唯一提供成功投资工具的财经刊物，我从中学到的知识比我作为股票经纪人的10年间学到的还要多。

乔恩·巴西特（Jon E. Bassett）

我最近才开始熟悉《投资者商业日报》，我多希望自己一开始就认识这份出色的投资刊物啊！由于我采纳了《投资者商业日报》提供的建议，我的成功交易开始明显倍增。感谢你们出版了一份既有用又有趣的刊物！希望你们一如继往，我期待你们的投资专家给出更多更好的建议，在此向他们出色的工作致以谢意！

J.R.霍布斯（J.R. Hobbs）

今年，当我查看账户时，我惊讶地发现，相对于标准普尔我的收益是多么可观。它根据规律步步紧随市场……你们的报纸和网站给予了我很多帮助，我再也找不到比这更有用的媒体了。

约翰·莫耶斯（John Moyers）

我忍不住要告诉你，你们的刊物对我的帮助有多大。在1995年，当我正在攻读硕士和博士学位时，我在UPS找了一份晚上兼职的工作，辛苦积攒每一分钱。那段时间我累得简直快要过劳死了。后来，我开始看《财经》杂志，有一天，我无意中发现了你们的刊物。从那时起我仿佛被催眠了。不到一年的时间，我成了第一批百万富翁，你们的报纸给了我 90% 的投资技巧，又为我指明了剩下 10% 里一半的方向。我真不知道如何感谢你们的报纸，它真算得上是天才之作。

玛丽莲 · 埃利斯（Marilyn Ellis）

我是在 20 世纪 80 年代通过 CNBC 节目看到欧奈尔的，随后我听从了他的市场分析，事实证明他是正确的，他对股市的精准把脉让我大开眼界。在学习欧奈尔 CAN SLIM 方法的过程中，我和我的丈夫得以提前退休，建造一座我们梦想中的房子，计划着用几年时间去游历欧洲……在接触《投资者商业日报》之前，我们从来不敢奢望这样的生活。我们现在的生活很惬意，习惯于在牛市里获得投资组合每年带来的 100% 的回报，在熊市里安全地增值。感谢你们！

乔伊 · 威尔逊（Joey Wilson）

非常感谢你们的服务为我的生活带来了超乎想象的改变。今年我 52 岁，现在我已经赚足了维持退休生活的钱。当我正为世界抛弃了我而苦恼不已时，我发现了新的希望。我不光非常感谢你们，我还会把你们传达的知识和建议告诉其他的人们。谢谢你们让我重新燃起生活的希望。

弗雷德 · 贝妮德图（Fred Benedetto）

我从《投资者商业日报》创刊之初就一直订阅。我拿出 5 000 美元进入股市开始投资，3 年之后，它逐渐涨至 5 万美元。为什么会有这么好的投资成果呢？一切都归功于《投资者商业日报》。如果你想在股市获得成功，无须赘言，你唯一需要的工具就是《投资者商业日报》。

译者后记

对大多数言必提及股神巴菲特的中国投资者而言，威廉·欧奈尔还是一个较为陌生的名字。他的以下事迹或许可以使中国的读者对他有所了解：他曾创下最年轻拥有纽约交易所交易席位的纪录，他出版了唯一可以和《华尔街日报》抗衡的投资日报——《投资者商业日报》，他所开发的 CAN SLIM 系统被美国个人投资者协会认为可以与彼得·林奇、沃伦·巴菲特的选股系统相媲美……他的成功充满了美国式的传奇。他不仅是一位在股市中获取超额利润的投资大师，而且还是一名循循善诱、著述与实践并重的好老师。

本书是威廉·欧奈尔继百万销量畅销书《笑傲股市》之后的又一

杰作，它曾长期居于全美投资类书籍畅销榜前列，受到投资者的广泛好评。欧奈尔通过对近一个世纪股票市场发展过程的研究，总结出了一个稳定的理性投资方案，帮助投资者在风险莫测的股市中避免遭受沉重的打击，并获得财富与投资经验的共同增长。这一切的前提就是："不要懵懵懂懂地随意买股票，要在投资前扎实地做一些功课，才能成功！"

本书图文并茂、深入浅出，即使是从未涉足股市的新手也能从中学到极其实用的买卖原则，从而畅意遨游股海，顺利地开启财富之门。而对那些资深的投资者而言，本书也能帮助他们修正一些不恰当的习惯，为他们提供更多的投资思路与灵感，使他们的投资金巢更加熠熠生辉。

本书的翻译工作历时三个月，我花费了大量的时间和精力来悉心推敲每一段文字、每一个图表，查证各个专业术语、刊物名、人名和地名，考究段落之间的关联性和秩序感。因为我知道，对文字的准确把握就是对思想的精准衡量，只有最大限度地忠实于原著，才能将欧奈尔的投资理念完整无误地传达给正在股市淘金的读者。

圣徒们都有渴望朝觐的圣地，一个译者的至高目标和虔诚信仰则是"信达雅"。责任心的驱使令我在整个翻译的过程中不敢有丝毫疏忽，虽然其中充满了很多不为人道的痛苦和倦怠，但我最终还是坚持完成了这项工作。在此，我要感谢我的朋友裴向云和佘振芳，在我遇到一些难点、难句或无法准确把握的术语时，我们的共同讨论往往都能使问题得到完美解决，也时时能让我迸发出灵感的火花，她们对全书的润色和修改都提出了不少宝贵的意见。我还要感谢父母对我生活上的照顾，为我顺利完成翻译工作提供了舒适且无干扰的环境。

尽管如此，由于语言、文化差异以及译者水平所限，书中难免存在纰漏和错误之处，敬请读者批评指正。

未来，属于终身学习者

我这辈子遇到的聪明人（来自各行各业的聪明人）没有不每天阅读的——没有，一个都没有。巴菲特读书之多，我读书之多，可能会让你感到吃惊。孩子们都笑话我。他们觉得我是一本长了两条腿的书。

——查理·芒格

互联网改变了信息连接的方式；指数型技术在迅速颠覆着现有的商业世界；人工智能已经开始抢占人类的工作岗位……

未来，到底需要什么样的人才？

改变命运唯一的策略是你要变成终身学习者。未来世界将不再需要单一的技能型人才，而是需要具备完善的知识结构、极强逻辑思考力和高感知力的复合型人才。优秀的人往往通过阅读建立足够强大的抽象思维能力，获得异于众人的思考和整合能力。未来，将属于终身学习者！而阅读必定和终身学习形影不离。

很多人读书，追求的是干货，寻求的是立刻行之有效的解决方案。其实这是一种留在舒适区的阅读方法。在这个充满不确定性的年代，答案不会简单地出现在书里，因为生活根本就没有标准确切的答案，你也不能期望过去的经验能解决未来的问题。

而真正的阅读，应该在书中与智者同行思考，借他们的视角看到世界的多元性，提出比答案更重要的好问题，在不确定的时代中领先起跑。

湛庐阅读 App：与最聪明的人共同进化

有人常常把成本支出的焦点放在书价上，把读完一本书当作阅读的终结。其实不然。

时间是读者付出的最大阅读成本

怎么读是读者面临的最大阅读障碍

“读书破万卷”不仅仅在“万”，更重要的是在“破”！

现在，我们构建了全新的“湛庐阅读”App。它将成为你“破万卷”的新居所。在这里：

- 不用考虑读什么，你可以便捷找到纸书、电子书、有声书和各种声音产品；
- 你可以学会怎么读，你将发现集泛读、通读、精读于一体的阅读解决方案；
- 你会与作者、译者、专家、推荐人和阅读教练相遇，他们是优质思想的发源地；
- 你会与优秀的读者和终身学习者为伍，他们对阅读和学习有着持久的热情和源源不绝的内驱力。

从单一到复合，从知道到精通，从理解到创造，湛庐希望建立一个“与最聪明的人共同进化”的社区，成为人类先进思想交汇的聚集地，与你共同迎接未来。

与此同时，我们希望能够重新定义你的学习场景，让你随时随地收获有内容、有价值的思想，通过阅读实现终身学习。这是我们的使命和价值。

CHEERS

本书阅读资料包

给你便捷、高效、全面的阅读体验

本书参考资料

湛庐独家策划

- ✔ 参考文献
  为了环保、节约纸张，部分图书的参考文献以电子版方式提供
- ✔ 主题书单
  编辑精心推荐的延伸阅读书单，助你开启主题式阅读
- ✔ 图片资料
  提供部分图片的高清彩色原版大图，方便保存和分享

相关阅读服务

终身学习者必备

- ✔ 电子书
  便捷、高效，方便检索，易于携带，随时更新
- ✔ 有声书
  保护视力，随时随地，有温度、有情感地听本书
- ✔ 精读班
  2~4周，最懂这本书的人带你读完、读懂、读透这本好书
- ✔ 课　程
  课程权威专家给你开书单，带你快速浏览一个领域的知识概貌
- ✔ 讲　书
  30分钟，大咖给你讲本书，让你挑书不费劲

湛庐编辑为你独家呈现
助你更好获得书里和书外的思想和智慧，请扫码查收！

（阅读资料包的内容因书而异，最终以湛庐阅读App页面为准）

William J. O'Neil
The Successful Investor: What 80 Million People Need to Know to Invest Profitably and Avoid Big Losses
ISBN 0-07-142959-X

图书在版编目（CIP）数据

笑傲股市之股票买卖原则 /（美）威廉·欧奈尔著；邹唯译. --成都：四川人民出版社，2022.1
ISBN 978-7-220-12429-7

Ⅰ. ①笑… Ⅱ. ①威… ②邹… Ⅲ. ①股票交易－基本知识 Ⅳ. ①F830.91

中国版本图书馆CIP数据核字（2021）第197060号
著作权合同登记号
图字：21-2021-527

上架指导：股票 / 金融投资

XIAOAO GUSHI ZHI GUPIAO MAIMAI YUANZE
笑傲股市之股票买卖原则
［美］威廉·欧奈尔　著
邹唯　译

责任编辑：张东升
版式设计：湛庐CHEERS
封面设计：湛庐CHEERS　张志浩

四川人民出版社
（成都市槐树街 2 号　610031）
唐山富达印务有限公司印刷　新华书店经销
字数 185 千字　710 毫米 ×965 毫米　1/16　印张 16
2022 年 1 月第 1 版　2022 年 1 月第 1 次印刷
ISBN　978-7-220-12429-7
定价：109.90 元
